W0233329

Inhalt

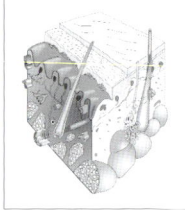

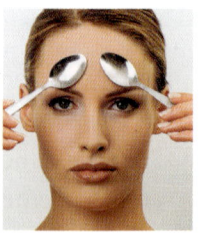

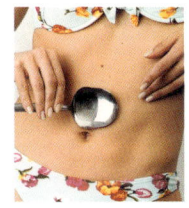

Prolog

Dieses Buch habe ich für all die Frauen geschrieben, die jung und schön bleiben wollen, aber nicht mit dem Gedanken spielen, daß alle ungeliebten Falten, schlaffe Hautpartien oder vergrößerten Poren über Nacht verschwinden. Sondern vielmehr für diejenigen, die mit ihrer äußeren Hülle, der Haut, und ihrer Seele eine ernsthafte Symbiose eingehen möchten; die selbst aktiv sein und ihr Äußeres nicht dem Zufall überlassen wollen.

Denn wie heißt es so treffend: »Die Haut ist der Spiegel der Seele.

Und ein chinesisches Sprichwort sagt: »Für die Haut, in der man geboren wird, kann man nichts, für die im Alter sehr viel!«

Haben Sie schon einmal darüber nachgedacht, daß Ihre Haut rund um die Uhr, also 24 Stunden lang tagtäglich für Sie arbeitet, Sie schützt und beschützt? Warten Sie also nicht, bis sie mit vorzeitiger Alterung, Blässe und Schlaffheit streikt, sondern schenken Sie ihr öfter einmal Löffelchen für Löffelchen, die wohlverdienten Streicheleinheiten.

So strahlend wie das Licht wird sie es danken.
So rosig wie eine Rosenknospe wird sie es erwidern.
So straff wie ein Segel im Wind wird sie Sie schützen.

Aus einer Idee wurde eine Methode: die Löffelmassage

In über dreißigjähriger Berufserfahrung als Kosmetologe und Visagist habe ich viele Massagetechniken und Schönheitsbehandlungen kennengelernt: manche sinnlos, manche teuer, andere zu kompliziert und zu zeitaufwendig.

Immer suchte ich nach einer Methode, die unkompliziert in der Anwendung, dabei preiswert und effektiv ist und von vielen Menschen – nach kurzer Unterweisung – in ihr tägliches Pflegeprogramm eingebaut werden kann. Da erinnerte ich mich eines Tages daran, daß meine Mutter, wenn wir Kinder uns eine Beule am Kopf geholt hatten, diese Stelle mit der Rückseite eines wassergekühlten Löffels behandelte. Und es funktionierte: Die Beule war rasch wieder verschwunden.

Als mir diese Begebenheiten aus meiner Kindheit wieder eingefallen waren, begann ich, bei meinen Kundinnen Schwellungen an den Augen mit kleinen, gekühlten Teelöffelchen zu massieren. Und siehe da, die Frauen waren begeistert und wollten wissen, ob wie sie diese Technik auch selbst zu Hause anwenden könnten. Natürlich zeigte ich ihnen die Handhabung und merkte bald, wie selbst kosmetische Laien ganz problemlos damit umgehen konnten. Im Laufe der Jahre habe ich dann die verschiedensten Löffelungen ausprobiert – an unterschiedlichsten Hautpartien und bei allen möglichen Hautproblemen wie z.B. Tränensäcken, fahler und schlaffer Haut, Blutergüssen nach Schönheitsoperationen, Fältchen und Falten und vielen anderen mehr. Mal experimentierte ich mit erwärmten und gekühlten Löffeln, mal mit präparierten aromatisierten Löffeln, dann wieder mit farblichtbestrahlten Löffeln; und immer wieder war ich von den Ergebnissen überrascht.

Mittlerweile löffeln sich viele meiner prominenten Kundinnen durch ihren täglichenSchönheitsalltag. Und der Löffel hat sie schon vor so manchem Beauty-Desaster gerettet. So wurde aus einer einfachen Idee durch Neugier und praktische Anwendung eine wirkungsvolle Methode: die Löffelmassage.

Damit möglichst viele Frauen davon profitieren können, habe ich in diesem Buch meine Erfahrungen niedergeschrieben. Sicherlich kann die Löffelmassage nicht die Kosmetikerin, den Masseur oder gar den Plastischen Chirurgen ersetzen, aber sie ist eine wunderbare Ergänzung zu deren Wirken und hilft bei vielen der kleinen und großen Schönheitswehwehchen des Alltags. Werden also auch Sie eine der vielen begeisterten Löfflerinnen.

Wie wirkt die Löffelmassage?

Das Prinzip dieser Massage ist denkbar einfach und beruht auf dem Zusammenwirken verschiedener klassischer Massagetechniken. Sie ist eine Mischung aus der Streich- und Klopfmassage, der Lymphdrainage und der Akupressur, ergänzt durch die Aroma- und Farblichttherapie. Diese Kombination von Löffeln, ätherischen Ölen, Massage und Farblicht wirkt auf:
– die Nervenenden durch Kälte-Wärme-Reize
– die Akupressurpunkte durch Klopfen, Drücken und Streichen
– den Lymphfluß durch Streichen
– den Blutkreislauf durch die Massage und die ätherischen Öle
– die Muskulatur durch die Massage
– die Chakren durch die ätherischen Öle und das Farblicht
– die Meridiane durch die ätherischen Öle und die Farben.

Die daraus resultierenden Wirkungen sind vielfältiger Natur: entschlackend, bindegewebsfestigend, entwässernd, durchblutungsfördernd usw. Diese Massage strafft nicht nur die Haut und stimuliert die Muskulatur, sondern sie macht auch Spaß und hebt die Stimmung. Sie fühlen sich anschließend im Einklang mit sich selbst.

Ausgerechnet Löffel?

Löffel eignen sich deshalb so gut für diese Massage, weil sie wie Fingerkuppen nach außen gerundet sind und man mit ihnen gleichermaßen gut Streichen, Klopfen und Drücken kann. Sie sind gute Kälte- und Wärmeleiter sowie geeignete Energietransmitter. Außerdem sind sie preiswert, in jedem Haushalt vorhanden, leicht in der Handhabung und zu reinigen. Man kann sie überallhin mitnehmen und sie immer wieder verwenden.

Was man für die Löffel-Massage sonst noch braucht

Neben den schon erwähnten Löffeln aller Größen benötigen Sie für die Löffel-Massage noch Ätherische Öle und Basisöle, Handtuch, je ein Glas mit kaltem und warmem Wasser. Je nach Wirkungsabsicht oder Hauttyp stellen Sie die entsprechende Ölmischung her. Geben Sie dazu stets etwas Basisöl in ein Schälchen und träufeln dann etwa ein bis drei Tropfen des ätherischen Öls hinein. Das Mischungsverhältnis beträgt ungefähr 9:1. Verrühren Sie alles gut mit dem Löffelstiel. Zum Massieren werden nur die Löffelrückseiten dünn mit der Ölmischung bestrichen. Weniger ist auch hier mehr – damit Sie beim Massieren auf der Haut nicht wegrutschen. Werden die Löffel vorher im Wasserbad erwärmt oder gekühlt, müssen sie vor dem Bestreichen mit dem Öl erst trockengetupft werden.

Da die erwärmten Löffel meist schnell abkühlen und die ge-kühlten sich auf der Haut schnell erwärmen, müssen sie zwischendurch immer wieder auf die richtige Temperatur gebracht werden. Deshalb verwenden Sie am besten einen doppelten Löffelsatz, so daß Sie mit einem Löffelpaar arbeiten können, während das andere im Wasserbad steht.

Die transparenten Farbfolien für die Farbtherapie erhalten Sie beim Dekorationsbedarf. Bringen Sie die Folie vor einer Lichtquelle an, legen die Löffel auf ein weißes Tuch und bestrahlen sie mit dem Farblicht.

Um die Löffel-Massage richtig und erfolgreich anwenden zu können, müssen Sie sich natürlich den Bau und die Funktion der Haut vergegenwärtigen und etwas über den Verlauf der Muskeln und Meridiane sowie den Lymph- und Blutkreislauf wissen. All das erfahren Sie in den folgenden Kapiteln.

Berlin, August 1999   *René Koch*

Vom schönen Schein zum schönen Sein

Die Schönheit liegt im Auge des Betrachters

An schnell wechselnde Moden und ihre stete Wiederkehr gewöhnt, übersehen wir dabei manchmal, daß mit ihnen sich auch das uns suggerierte Ideal eines schönen Menschen wandelt. Aber das ist beileibe keine Erscheinung unserer Zeit, sondern etwas, das sich durch die Menschheitsgeschichte zieht. Aber was – oder besser gesagt: Wer ist »schön«?

Beim Blick zurück in die Geschichte der Menschen fällt uns sofort ein Name ein – Nofretete. Die Schönheit der Pharaonen-Gemahlin ist sprichwörtlich, und die Kunde davon hat die Jahrtausende überdauert. Ihre von den Archäologen in Ägypten ausgegrabene Büste zeigt das Ebenmaß eines von Natur aus schönen Gesichtes – und den hohen Stand und die Vielfalt der schon damals angewandten Mittel der dekorativen Kosmetik. In ihrem harmonisch proportionierten ovalen Gesicht sind die Augenbrauen nachgezogen, die Wimpern gefärbt, die Augenlider getönt, der Lidstrich geschwärzt und die Lippen rot geschminkt.

Nofrete. Die Pharaonen-Gemahlin ist von zeitloser Schönheit. Auch sie nutzte schon kosmetische Mittel, um ihre Attraktivität zu unterstreichen.

Auch die ägyptische Königin Kleopatra (69–30 v. u. Z.) soll unbeschreiblich schön gewesen sein – kein Wunder, daß ihr zuerst der große Cäsar verfiel und nach seiner Ermordung sein »illegaler« Nachfolger Antonius, mit dem sie schließlich gemeinsam in den (Liebes-) Tod ging. Beides waren Männer, die ihr halfen, die Macht und die Größe ihres Reiches zu mehren. Von Kleopatra ist überliefert, daß sie täglich in Eselsmilch badete, danach ihren Körper mit duftenden Ölen salben ließ und raffinierte Massage-tricks nutzte, um ihre Jugend und Schönheit zu bewahren. Auch sie wußte um die Techniken des gekonnten Schminkens und setzte alle Mittel, auch die der Kochkunst, ein, um die Männer zu betören, an denen ihr gelegen war.

Diese Beispiele können eines deutlich machen: Es ist nicht nur das von Natur gegebene Aussehen allein, das die Schönheit eines Menschen ausmacht, sondern es sind der Lebensstil – beide Kö-niginnen waren nicht durch harte Arbeit verbraucht, konnten sich ausgewogen ernähren – und die Möglichkeit, sich zu pfle-gen und der Kosmetik zu bedienen. Ihre jeglichen Zeitgeschmack überdauernde Schönheit ruft immer noch unsere Bewunderung hervor …

Im Grunde gehen die entscheidendsten Veränderungen in puncto Schönheitsideal von der Mode und der Kosmetik aus, wie z. B. auch im Zeitalter des Barock, als frau vollschlank à la Rubens zu sein hatte, während sie im Rokoko Wespentaille trug, verbun-den mit einem einladenden Dekolleté, das später – in den 20er Jahren unseres Jahrhunderts – à la Garcon plattgepreßt wurde. Heute diktieren Werbung und Lifstyle-Magazine Wundermaße von 90–60–90 – für viele Frauen ein Wunschtraum, aber doch erreichbar. Denn längst bietet die Schönheits- und Kosmetikin-dustrie alle Möglichkeiten – mittels der Visagisten und Designer – mit perfektionierten Produktideen und ausgeklügelten Schön-heitstechniken, dem Schönheitsideal näher zu kommen. Nicht immer – aber immer öfter. Was Make-up, Mode und das rich-tige Styling zusätzlich alles vermögen, beweisen die verblüffen-den Resultate, die via Bildschirm in sogenannten »Vorher-Nach-her-Shows« ins Haus flimmern. Sicher, Schönheit liegt im Auge des Betrachters, aber die meisten Menschen, denen ich begegnet bin, haben ganz »klassische« Vorstellungen von »Schönheit«.

> Bei der Partnerwahl beurteilen wir vor allem das Äußere des anderen, denn Schönheit ist hierbei ein biologisches Signal für die Fortpflanzung. Die Männer suchen – so haben die Wissenschaftler herausgefunden – vorrangig die gesunde, junge Mutter und Frauen den zuverlässigen Versorger ihrer Kinder. Das ist seit Urzeiten stammesgeschichtlich so festgelegt und wirkt noch heute in uns nach.

Das alles beantwortet zwar noch immer nicht die anfangs gestellte Frage nach der Schönheit, macht aber eines deutlich: Im Prinzip kann jeder Mensch dem geltenden Schönheitsideal entsprechend zurechtgemacht werden. Und das allein schon durch Kleidung sowie pflegende und dekorative Kosmetik!

Aber unsere Möglichkeiten sind noch weitaus größer. Schon unser Wissen um die Zusammenhänge von Ernährung und Körper, von Ernährung und Erscheinungsbild der Haut, von der Bedeutung ausreichender Bewegung für Muskulatur, Bänder und Sehnen versetzt uns in die Lage, an unserem Erscheinungsbild zu arbeiten. Deswegen muß man nicht gleich zum Bodybuilder werden, sich durch alle Mode-Diäten hungern, sich unter das Skalpell eines Schönheitschirurgen legen oder nur teuerste Kosmetika benutzen. Attraktivität – und darum geht es doch uns allen – erreichen wir auch auf unspektakuläre Weise:

Männer finden an Frauen schön:
feine Gesichtszüge, seidiges langes Haar, gepflegte Hände, schöne Beine, volle Lippen, strahlende Augen, runde, weibliche Formen, Unschuld, Direktheit und Aufrichtigkeit.

– durch eine ausgewogene, vitamin- und ballaststoffreiche und fettarme Ernährung
– durch tägliche, ausreichende Bewegung, z. B. beim Treppen-

steigen, Laufen, Wandern, Schwimmen, Radfahren, durch leichte Gymnastik u. ä.

– durch tägliche Körperhygiene und Körperpflege mit den richtigen Reinigungs- und Pflegepräparaten, aber auch mittels Massagen, wie z. B. der hier vorgestellten Löffelmassage, Sauna, Trockenbürsten, Kneippschen Güssen usw.

– durch typgerechte, dezente dekorative Kosmetik.

Wer also derart sorgsam mit seinem Körper umgeht, wird sich seiner Attraktivität erfreuen können – und das bis ins Alter, denn für unser Aussehen sind wir in erster Linie selbst verantwortlich. Eine chinesische Weisheit besagt: Für das Gesicht und den Körper, mit dem du auf die Welt kommst, kannst du nichts, aber wie beides im Alter aussieht, dafür kannst du sehr viel!

Frauen finden an Männern schön: kräftige Kiefer, energische Münder, sportlichen Teint, Dreitagebart, trainierte Körper, knackige Pos, starken Willen und Charakter, Sensibilität.

Die Signale, die von einem gepflegten Menschen, von einem interessanten Gesicht ausgehen, werden von anderen als angenehm empfunden. Attraktivität, derer man sich bewußt ist, weil man an ihr mitgewirkt hat, macht selbstbewußt und erhöht wiederum die positive Ausstrahlung. Attraktivität ist nichts anderes als die Summe unserer äußeren Erscheinung und unserer Persönlichkeit, Mimik, Gestik, Motorik und Stimme. Jeder Mensch kann, wenn er seinen Charme entfaltet, attraktiv sein – auch im Alltag. Und das auch, wenn man nicht im herkömmlichen Sinn schön ist, was immer jeder auch darunter verstehen mag. Denn Schönheit zu definieren ist sicherlich schwierig, weil wir alle etwas anderes darunter verstehen. Was der eine schön findet, beeindruckt einen anderen noch lange nicht. Und das ist auch gut so. Aber trotzdem streben die Menschen danach, sich zu perfektionieren. Dabei soll Ihnen dieser Ratgeber helfen, denn: Aber attraktiv, fit und gepflegt sein kann jeder!

Was Sie schon immer über Löffel wissen wollten ...

Der Löffel ist die erste Gerätschaft, mit der wir, unsere Unabhängigkeit von der mütterlichen Fürsorge demonstrierend, selbständig essen. Ade Stillmahlzeit, ade Fläschchen – wir beenden die Säuglingszeit mit dem kühnen Griff zum Löffel. Und wir haben keine Bedenken, ihn auch gleich seinem eigentlichen Zweck zu entfremden: Er dient dem aufgeweckten Kind als Trommelschlegel ebenso wie als Breischleuder. Dem kindlichen Einfallsreichtum sind da kaum Grenzen gesetzt.

Sprichwörtliches

Das kannst Du
Dir hinter die Löffel
schreiben.

Die Weisheit mit Löffeln
essen.

Die Suppe selber
auslöffeln.

Über den Löffel
balbieren.

Wieviel Erfindungsgabe aber brauchte es, bis der erste Mensch auf die Idee kam, einen Löffel anzufertigen, jenes »Schöpfgerät mit schalenförmiger Vertiefung und einem Stiel« (Brockhaus Enzyklopädie). Diese Definition betont den ursprünglichen Verwendungszweck des Löffels als Gerät zum Schöpfen, Gießen oder Sieben.

Irgendwann in der Jungsteinzeit kam ein findiger Kopf auf die Idee, sich diese Tätigkeiten mit einem Löffel zu erleichtern und fertigte aus Knochen und auch aus Stein etwas, was wir heute als Kelle bezeichnen würden.

Vom »leffil« zum »Löffel«
Auch Wörter haben eine oft lange Entwicklungsgeschichte. Jenes Gerät, das wir heute *Löffel* nennen, hieß althochdeutsch *leffil*, danach mittelhochdeutsch *leffel*. Beide Wörter gehen zurück auf ein Verb, das im Neuhochdeutschen untergegangen ist: *lapan* (ahd. *laffan*, mhd. *laffen*), das so viel wie lecken oder schlürfen bedeutete. In der Chirurgie bezeichnet »Löffel« ein Instrument zum Ausschaben von Wund- oder Knochenhöhlen u. a. Die Jägersprache versteht unter »Löffel« die Ohren von Hasen und Kaninchen.

In der Bronzezeit formten gewitzte Handwerker die Löffel bereits aus Ton, statt sie mühselig aus Knochen zu schaben oder aus Stein zu schlagen. Bei den alten Ägyptern gab es um 5000 v. u. Z. bereits Löffel aus Holz, später auch aus Elfenbein, die man zum Weihrauchstreuen und für Salben- und Schminktiegel verwendete. Die Stiele dieser Löffel waren reich mit Schnitzereien verziert.

Auch in China war der Löffel schon seit langem bekannt; zunächst wurde er aus Porzellan hergestellt. Jedoch unterschieden sich die chinesischen Löffel sehr von den uns bekannten: Laffe und Stiel standen in einem scharfen Winkel zueinander.

Den nächsten großen Entwicklungssprung in der Geschichte des Löffels gab es im 1. Jahrhundert v. u. Z. zum Ende der sogenannten La-Tène-Kultur. Am nordöstlichen Rand des Neuenburger Sees (heutige Schweiz) fand man in dem Ort La Tène mehr als 2500 Objekte jener vorgeschichtlichen Kultur im nichtmediterranen Europa. Darunter auch erstmals Löffel aus Metall, hergestellt von keltischen Volksgruppen.

Der Natur abgeschaut
Es ist zu vermuten, daß der jungsteinzeitliche »Erfinder« des Löffels sich von der Natur inspirieren ließ. Als Vorbild diente zum einen die menschliche Hand, die, zum Hohlraum gewölbt, durchaus zum Schöpfen verwendet werden kann. Zum anderen war und ist auch die Tierwelt reich an Löffeln: Man denke nur an den Löffelreiher oder die Löffelente, die mit ihren löffelartig geformten Schnäbeln ganz wunderbar Nahrung aus dem Wasser »löffeln« können.

In Griechenland bediente man sich des Löffels anfangs zum Weinschöpfen. Zum Essen benutzten ihn die Griechen erst in späthellenistischer Zeit. Die Römer hatten bei ihren üppigen Gastmählern kleine runde oder ovale Löffel, mit denen sie Austern, Eier u. ä. ausschabten. Es war die römische Form des Löffels mit der flachen Laffe, die vom mittelalterlichen Europa übernommen wurde. Ausgrabungsfunde wie der »Hildesheimer Silberfund« – der aus ganzen Sätzen von silbernen Schüsseln, Kannen und Tellern besteht – zeigen, daß die Römer selbst in den entlegensten »barbarischen« Provinzen nicht auf extravagante Tafelfreuden verzichteten. Aber nach dem Untergang des Römi-

In der Renaissance nahm die Neigung zu luxuriösem Tafelgerät beträchtlich zu. Nicht nur die Monarchenhöfe und Adelspaläste schwelgten im Luxus, sondern auch, wenngleich etwas beschränkter, die Gutshöfe und Patrizierhäuser. Bestecke aus purem Gold, vergoldet oder mit Gold belegt, mit Edelsteinen besetzt, aus Korallen, Bergkristall, Elfenbein oder Perlmutt waren nicht nur Gebrauchsgegenstände, sondern kleine Kunstwerke. Manche waren derart verziert, daß sie zum Gebrauch nicht mehr taugten – sie waren Ausdruck der Wohlhabenheit und des guten Geschmacks ihres Besitzers.

schen Reiches hielten sich die Überreste jener Gebräuche nur noch in Form ritueller Salbungslöffel in den Klöstern, den Hütern der lateinischen Sprache und Philosophie.

In der fränkischen Zeit verwendeten die Vornehmen längliche Löffel aus Silber. Im Mittelalter dienten Silberlöffel auch als liturgisches Gerät zum Darreichen des Abendmahlweins und als Hostien- und Weihrauchlöffel.

Zum Essen dickflüssiger und körniger Speisen verwendete man Löffel mit flacher und kreisrunder Laffe und kurzem, schmalem Stiel. Fleisch wurde mit den Fingern gegessen. Wenn auch die Eßsitten der Reichen kaum von denen der übrigen Bevölkerung abwichen, so war doch – neben der Fülle der aufgetafelten Nahrungsmittel – das verwendete Tafelgerät ungleich kostbarer und zahlreicher. In den Schatzkammern der Adligen befanden sich im 16. und 17. Jahrhundert große Sammlungen silberner Löffel, selbst reiche Bürger besaßen einige – bis zu einigen Dutzend Stück. Jedoch wurden sie von ihnen kaum in Gebrauch genommen, sondern stellten eine beträchtliche Kapitalanlage dar. Zum Essen kamen sie nur zu ganz besonderen Anlässen auf den Tisch. Alltags benutzten auch die wohlhabenden Bürger – ebenso wie die ärmere Bevölkerung – hölzerne Löffel, oder, in gotischer Zeit, solche aus Blech oder Zinn.

Aus dem Besitz der Diane de Poitiers (1499–1566), der berühmten Mätresse König Heinrichs II. von Frankreich, soll der sich im Polnischen Nationalmuseum befindende Löffel stammen, dessen Laffe und Stiel aus Bergkristall bestehen, verbunden mit einem Silberbeschlag, den ein halbplastischer Maskaron ziert.

Die Bekrönung des Löffelstiels ist ebenfalls in Silber gefaßt. Zwischen dem 16. und 17. Jahrhundert war es in Deutschland, Polen und Ungarn ein weitverbreiteter Brauch, Löffel mit Inschriften zu versehen. Sie waren gedacht als moralisierende Sentenzen: »Was du auch tust, bedenke die Folgen«; als Warnungen vor Diebstahl: »Wer mich will holen, den wird mein Herr versohlen«. Inschriften dieser Art hatten durchaus eine Funktion. Sie sollten die kostbaren silbernen Löffel bei den festlichen Tafelrunden, die oft in Saufgelage ausarteten, vor unehrlicher Dienerschaft schützen. Aber auch Sprichwörter waren in den Löffelstiel eingraviert: »Tugend ist nicht mit Gold zu bezahlen« oder »Wer anderen eine Grube gräbt, fällt selbst hinein«.

Seine heutige Form erlangte der Löffel etwa um 1650.

Lange Zeit war es unter der bäuerlichen Bevölkerung Sitte, einem Patenkind zur Taufe einen silbernen Löffel zu schenken: als symbolischen Grundstock für den im Leben zu erwartenden oder erhofften Reichtum. Das ganze Gegenteil davon gilt für denjenigen, von dem es in einem geflügelten Wort heißt, daß er »nicht mit einem silbernen Löffel im Mund geboren« wurde – also aus einer armen Familie stammt und hart um seine Existenz kämpfen muß.

Seit Beginn des 17. Jahrhunderts tauchen vom Elsaß bis nach Wien in Wallfahrtskapellen Löffelopfer als Votivgaben auf. Diese schlichten Löffel waren aus Holz, Knochen oder Blech. Sie wurden bei Zahnweh, Appetitlosigkeit, Halsleiden oder Stummheit in die Kapellen gebracht und sollten von diesen Leiden befreien.

Tischsitten
Bei Erasmus von Rotterdam heißt es: »Wenn jemand aus einem Kuchen oder einer Pastete etwas mit dem Löffel reicht, so empfange es auf einem Brotstück oder nimm den dar gereichten Löffel und schütte die Speise auf das Brot, gib dann den Löffel zurück. Wenn das zum Kosten Herum gereichte zu flüssig ist, so nimm den Löffel und gib ihn zurück, nicht ohne ihn vorher an der Serviette abzuwischen.«

Besteck

Es war früher allgemein üblich, daß jeder sein Eßgerät, in einen Behälter gesteckt, bei sich trug – daher stammt auch der Begriff »Besteck«. Das bestand jedoch nicht – wie wir es heute kennen – aus Löffel, Messer, Gabel und Teelöffel. Messer und Löffel sind die ältesten zum Essen benutzten Besteckteile, erst später kam die Gabel dazu. Und gegessen im eigentlichen Sinne wurde nur mit dem Löffel; das Messer benutzten unsere Vorfahren lange Zeit ausschließlich zum Zerteilen großer Fleischstücke. Die Gabel wurde wahrscheinlich zu Beginn des 11. Jahrhunderts u. Z. von den Normannen eingeführt. Jedenfalls findet sich die erste bildliche Darstellung eines gabelähnlichen Gerätes auf dem berühmten Bayeux-Teppich (um 1060 u. Z.), auf dem u. a. ein Festmahl der Normannen dargestellt ist.

Waren lange Zeit die Löffelstiele rund oder mehrkantig, tauchten im 17. Jahrhundert die uns vertrauten Flachstiel-Löffel auf, deren Stiel sich zum Ende hin verbreiterte. Bis dahin war es üblich, den Löffelstiel beim Essen mit der ganzen Hand von oben zu umschließen. Das war nicht sonderlich praktisch und sah auch nicht sehr ästhetisch aus. Es waren die höfischen Kreise, die auch ansonsten viel Wert auf die Verfeinerung der Eßsitten legten, von denen die Flachlöffel eingeführt wurden. Der flache, von unten gegriffene Stiel ermöglichte eine bessere und elegantere Handhabung. Diese Form des Löffelstiels hat sich bis heute bewährt.

Massage für die Schönheit

Eine alte Technik ist jung geblieben

Die Massage ist eine Heil- und Pflegemethode mit einer mehr als 5000 Jahre alten Tradition. Wahrscheinlich stammen die ältesten Massagetechniken aus Asien. So kennt die »Ayurveda«, die alte indische Heils- und Gesundheitslehre, die Massage als eine wichtige Methode, den Körper zu entspannen, zu entschlacken und seine Selbstheilungskräfte anzuregen. Eine ähnlich wichtige Rolle spielt die Massage auch in der chinesischen Medizin, von der heute besonders die Akupressur in Europa praktiziert wird.

In der Antike waren es, neben den Ägyptern und Assyrern, vor allem die Griechen und Römer, die diese physikalische Heilmethode zu hoher Vollkommenheit entwickelten und sich bei vielerlei Gelegenheiten gern massieren ließen: nach dem Baden, während der Genesungszeit oder auch bei körperlichen und seelischen Beschwerden. Eine besondere Bedeutung gewann die Massage als integrierter Bestandteil des Sports bei den Griechen. Vor und nach sportlichen Wettkämpfen setzten diese die verschiedensten Massagetechniken ein – unter Verwendung von Ölen und Wachsen. Sie nutzten die Sportmassage zum einen als vorbereitende und zum anderen als ausheilende Massage (heute: Ermüdungsmassage).

Mit der Ausbreitung des Christentums geriet im Mittelalter die Massage über lange Zeit fast in Vergessenheit, denn jede Art von Körperkontakt war verpönt. Erst im 16. Jahrhundert finden sich wieder schriftliche Hinweise auf die Massage. So entwickelte der französische Arzt Ambroise Paré (1510–1590) eine Massagemethode, die er in der Genesungsphase der Kranken einsetzte.

Aber es blieb dem 19. Jahrhundert vorbehalten, die Massage zu neuem Ansehen zu führen: Der schwedische Heilgymnast Per Henrik Ling und der holländische Arzt J. Georg Mezger setzten sie für die Heilbehandlung ein. Ling gründete 1813 in Stockholm die erste Massageschule, der bald andere in zahlreichen Ländern folgten. Bis zum Ende des Jahrhunderts war die Massage als Heilmethode in der Medizin anerkannt und wurde von Allgemeinärzten, Chirurgen und Herzspezialisten praktiziert. Erst als diese ihr Wissen an andere medizinische Fachrichtungen weitergaben,

**Wichtiger Massage-
grundsatz**
Alle Massageübungen
werden immer mit dem
Venen- und Lymphstrom
in Richtung Herz ausge-
führt. Das bedeutet, daß
Sie bei der Massage
stets von »unten« nach
»oben« arbeiten, aber
auch von »innen« nach
»außen«. Ebenso haben
kreisförmige Bewegun-
gen ihre Wirkung.

entwickelte sich später daraus der Beruf eines Heil-
masseurs. Wir können uns heute die Massage aus der
Physiotherapie und Kosmetik nicht mehr wegdenken.

Von Kopf bis Fuß

Zu den fünf heute bei uns medizinisch anerkannten
Massagemethoden gehören die Klassische Massage,
die Bindegewebsmassage, die Manuelle Lymphdrainage, die Akupressur und die Fußreflexzonenmassage.

Daneben gibt es aber auch noch eine Vielzahl weiterer Spezialmassagen wie z. B. die Meridianmas-
sage, die Periostmassage, die Thai-Massage, die Unterwasser-
massage und jetzt auch die Löffelmassage.

Klassische Massage:
Ihre Grifftechniken – Streichen, Kneten und Reiben – bilden die
Grundlage der meisten Massageübungen. Sie wird vor allem angewandt, um den Spannungszustand von Haut und Muskeln zu
normalisieren und die Blut- und Lymphzirkulation anzuregen.

Die Haupteinsatzgebiete für die Klassische Massage sind
– rheumatische Erkrankungen
– orthopädische Erkrankungen
– psychosomatische Beschwerden
– Beschwerden nach Unfällen oder Operationen
– bei Verspannungen, Haut-, Muskel- und Bindegewebsschwund
  zur Vorbeugung, Straffung und Verjüngung.

Vor allem sind es die Muskeln – neben der Haut – die durch Massage entspannt und zur besseren Durchblutung angeregt werden.

Bindegewebsmassage:

Es war der englische Neurologe Dr. Henry Head (1861–1940), der herausfand, daß Störungen und Erkrankungen des Inneren sich auch auf der Haut, besonders aber im Bindegewebe zeigen. Durch das Bindegewebe, das die inneren Organe stützt und die Knochen verbindet, werden Blutgefäße, Nerven und Lymphbahnen bis an die Oberhaut geleitet und diese so mit Nährstoffen versorgt und von Abbauprodukten befreit. Auf der Grundlage dieses Wissens entwickelten die Ärztin Dr. Hede Teirich-Leube und die Krankengymnastin Elisabeth Dicke die Bindegewebsmassage.

Sie wird vor allem angewandt bei
– Durchblutungsstörungen
– venösen und lymphatischen Störungen
– Blutdruckschwankungen
– funktionellen Störungen des Inneren
– Menstruationsbeschwerden
– Bronchitis, Asthma
– Erfrierungen.

Manuelle Lymphdrainage:

Entwickelt von dem dänischen Physiotherapeuten Dr. Emil Vodder, dient die Lymphdrainage dem schnelleren Abtransport von Stoffwechselabbauprodukten und übermäßiger Flüssigkeit in den Geweben über die Lymphbahnen. Mit sanft kreisenden und leicht ziehenden Bewegungen der Hände entlang der Lymphbahnen wird die Massage ausgeführt. Sie hilft besonders gut, wenn Gesicht und Augenpartie verquollen sind, und ist deshalb eine wichtige Methode jeglicher professioneller Kosmetikbehandlung. Nach einer nur zehnmütigen Lymphdrainage wirkt der Teint frisch, und die Schwellungen sind verschwunden.

Die wichtigsten Anwendungsgebiete der Manuellen Lymphdrainage sind:

– in der kosmetischen Behandlung
– zur Behandlung nach Entfernung der Lymphknoten, bei Erkrankungen der Lymphgefäße
– nach Unfallverletzungen zur Beseitigung der Schwellungen (Ödeme)
– bei Venenleiden.

Fußreflexzonenmassage:
Diese Massage hat in den letzten Jahren nachgerade Furore gemacht und erfreut sich großer Beliebtheit. Die Methode wurde

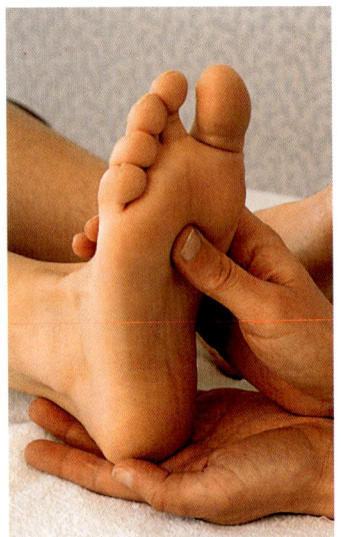

vor etwa sechzig Jahren von der englischen Masseurin Eunice D. Ingham entwickelt. Sie geht von der Annahme aus, daß jedes Organ des Körpers einem Bereich an den Füßen (und Händen), den sogenannten Reflexzonen, zuzuordnen und von dort aus zu beeinflussen ist.

Angewendet wird die Fußreflexzonenmassage vor allem
– bei funktionellen organischen Störungen
– bei Kopfschmerzen und Migräne
– bei Muskelverspannungen
– bei Streßreaktionen
– bei allergischen Reaktionen
– bei Atemwegserkrankungen.

Akupressur:
Bei der Akupressur werden mit den Fingern Druckreize an bestimmten Körperstellen ausgelöst. Auch diese Methode basiert, wie die Akupunktur, auf der alten chinesischen Lehre von den Energiebahnen (Meridianen), die den Körper durchziehen und durch die unsere Lebensenergie, das »Qi« fließt.

Wichtige Anwendungsgebiete sind
– Erschöpfungszustände

- Nervosität
- Schmerzen im Kopf-, Zahn-, Bauch- und Halsbereich
- Gesichtsstraffung.

Akupunktur und Akupressur – die Meridiane der Harmonie

Heilende Nadeln

Lange Zeit stand die westliche Schulmedizin der Akupunktur ablehnend gegenüber – erst in den letzten zehn Jahren hat auch hier ein Umdenken eingesetzt. Und das, obwohl es nach wie vor keine umfassende und wissenschaftlich begründete Theorie darüber gibt, wie und warum Akupunktur Schmerzen beseitigen, Krankheiten heilen oder den Heilungsprozeß unterstützen kann.

Die Anhänger der Akupunktur waren da weitaus pragmatischer und verfuhren nach der Devise: »Wer heilt, hat recht.«

Man weiß inzwischen – und konnte es nachweisen – daß die von den Akupunkturpunkten ausgehenden Reize über Rezeptoren in der Haut zum Zentralnervensystem und von dort zu den einzelnen Organen geleitet werden. Mit der Nadelung dieser Punkte werden Endomorphine, körpereigene Substanzen, freigesetzt, die Schmerzen hemmen. Auch die Muskulatur profitiert von den Wirkungsmechanismen der Akupunktur: Verkürzte und verspannte Muskeln werden gelockert, und die Durchblutung verbessert sich.

Uralte Heilkunst neu genutzt
Die Akupunktur ist ein wichtiger Bestandteil der traditionellen chinesischen Medizin. Sie wird mit metallenen Nadel – aus Gold, Silber oder Edelstahl – aus geführt, die man in bestimmte Punkte auf der Haut sticht. Diese Punkte verbinden auf den sogenannten Meridianen die Oberfläche unseres Körpers mit den inneren Organen, die sich auf diese Weise beeinflussen lassen.

Die Urformen der Akupunktur – und Akupressur – finden sich in allen Kulturkreisen. Archäologische Funde sind bis zu 5000 Jahre alt. Aber es war das Verdienst der Chinesen, diese Behandlungsmethode in ein System gebracht zu haben. Vor allem Huang Ti, der »Gelbe Kaiser (er lebte im 3. Jahrtausend v. u. Z.), der legendäre Erfinder des Rades und des Geldes, hat sich um die Akupunktur verdient gemacht.

Als im 17. Jahrhundert u. Z. Missionare aus China nach Europa zurückkehrten, wußten sie über die chinesischen Heilmethoden Wundersames zu berichten, aber Akupressur, Akupunktur und Massage wurden als Scharlatanerie abgetan, die chinesische Medizin als rückständig betrachtet, obwohl sie sich bereits seit Jahrtausenden bewährt hatte.

Ein langsames Umdenken setzte in Europa erst im 20. Jahrhundert ein, nachdem der französische Diplomat Soulié de Morant, der selbst in China gelebt hatte, 1939 sein Buch über die Akupunktur veröffentlichte. Er beschrieb ausführlich diese Heilmethode und wertete sie als eine qualifizierte Therapie. Trotzdem blieb der Umgang mit Akupunktur und Akupressur in Europa schwierig, da die ihnen zugrundeliegende ganzheitliche Betrachtungsweise, daß die Lebensenergie des Menschen durch ein eigenes System von Kanälen fließt, der europäischen wissenschaftlich-funktionalen Deutung des Menschen zu sehr entgegenstand.

Erst mit der Verbreitung einer ganzheitlichen Sichtweise der Naturheilkunde,

die das Leben des Individuums als einen andauernden Entwicklungsprozeß ansieht, der durch Krankheit beeinflußt wird, änderte sich auch die Einstellung vieler Europäer zu den traditionellen chinesischen Heilmethoden.

Heute sind Akupunktur und Akupressur auch in den Praxen vieler Schulmediziner heimisch geworden, und die Palette der mit diesen Methoden behandelten gesundheitlichen Störungen reicht von der Raucherentwöhnung über die Migräne bis hin zu Magen-Darm-Beschwerden, Asthma oder funktionellen Herzbeschwerden u. a. m.

Die Lebensenergie »Chi« stärken

Fast jeder von uns hat die entspannende, belebende und anregende Wirkung einer Massage auf Muskeln, Bänder und Sehnen schon einmal an sich selbst erfahren. Und gleichzeitig gespürt, daß ihre Wirkung noch viel tiefer reicht. Es ist, als hätte man gleichsam unsere Lebensgeister neu geweckt. Um diese Wirkung zu verstehen, wenden wir uns der traditionellen chinesischen Lehre von der »vitalen Energie« zu.

Seit Jahrtausenden glaubt man in China, daß die Energie, das »Chi«, die Quelle allen Lebens ist. Es fließt, wenn alle Funktionen des Menschen sich untereinander und mit der Umwelt in Harmonie befinden. »Yin« und »Yang« sind die gegensätzlichen Kräfte, die Ausdruck dieser vitalen Energie sind, ihr ausgleichendes Fließen bildet eine Einheit. Ist diese Harmonie, das heißt der Energiefluß, gestört, fühlt sich der Mensch unwohl, wird krank. Nun muß dieses Gleichgewicht wieder hergestellt werden, damit der Mensch wieder gesund ist.

Das ausgewogene Verhältnis von »Yin« und »Yang« ist die Grundlage für die Gesundheit von Körper und Seele. Die klassische chinesische Philosophie kennt keine sich ausschließenden Gegensätze. Der große chinesische Philosoph Laudse (in alter Schreibweise: Laotse) formulierte es vor 2500 Jahren so:

»alle wissen, daß schön das schöne
so gibt es das häßliche
alle wissen, daß gut das gute
so gibt es das böse

denn:
voll und leer gebären einander
leicht und schwer vollbringen einander
hoch und niedrig bezwingen einander
klang und ton stimmen einander
vorher und nachher folgen einander
…«   *Laudse, Daudedsching, 6. Jh. v. u. Z.*

So gehören auch »Yin« und »Yang« zusammen. Dazu heißt es im
»Buch der Wandlungen«, dem grundlegenden Werk altchinesi-
scher Weltanschauung:

»Ein Yin, ein Yang, das nennt man Dau.«

»Yin« steht für die Erde, für den Mond, für das weibliche Prinzip; es ist passiv, dunkel, feucht und kalt. »Yang« steht für den
Himmel, für die Sonne, für das männliche Prinzip; es ist aktiv,
hell, trocken und warm. Dau ist die Synthese aus den beiden. Es
ist der Weg und das Ziel, es ist die Gottheit, Anfang und Ende –
die Quelle allen Seins:

»ein unerschöpfliches gefäß ist das Dau
urgründig, dem urahn aller Dinge vergleichbar
urtief und doch allgegenwärtig
ich weiß nicht, wes kind es ist
doch eh noch Di war, der ahn des himmels
war es   *Laudse, Daudedsching*

Diese Harmonie zu erhalten, streben Yin« und »Yang« stets nach
Ausgleich: Das »Yang« belebt das »Yin« – ungestört fließt die
Lebensenergie.

Die Punkte und die Meridiane

Seit vor über 2500 Jahren der »Gelbe Kaiser« die Einstichpunkte für die Akupunkturnadeln festlegte, die später in Lehrbücher aufgezeichnet wurden, sind zu den anfangs 700 Punkten weitere dazugekommen. Heute nutzt die chinesische Medizin rund 1000 Punkte, wobei sie jeder Störung oder Krankheit eine eigene Kombination verschiedener Punkte zuordnet. Dabei unterscheidet man – neben einer Reihe von Spezialpunkten außerhalb der Meridiane – folgende Punkte:

Harmonisierungspunkte	sie liegen am Anfang und am Ende eines jeden Meridians; wirken ausgleichend und beruhigend
Anregungspunkte	sie gibt es auf jedem Meridian nur einmal; aktivieren die Kraftreserven des zugehörigen Organs
Beruhigungspunkte	auch sie sind nur einmal auf jeder Linie vorhanden; wirken dämpfend
Alarmpunkte	sie reagieren auf Druck mit Schmerzen, wenn das zugeordnete Organ krank ist; ihre Nadelung oder auch andere Reizung führt zu einer sofortigen Besserung

Als Meridiane bezeichnet man in der Akupunkturlehre jene Linien, entlang denen die den Organen zugeordneten unterschiedlichen Punkte verlaufen. Oder anders ausgedrückt: Verbindet man die einem Organ zugedachten Punkte mit einer Linie, erhält man den Meridian. Die chinesischen Naturmediziner unterscheiden 12 Hauptmeridiane, zu denen aktive wie der Dickdarm-, der Magen-, der Darm- und der Gallenmeridian und passive wie der Milz-, der Herz- oder der Lebermeridian gehören; weiter kennen sie 12 Nebenmeridiane und 8 Sondermeridiane.

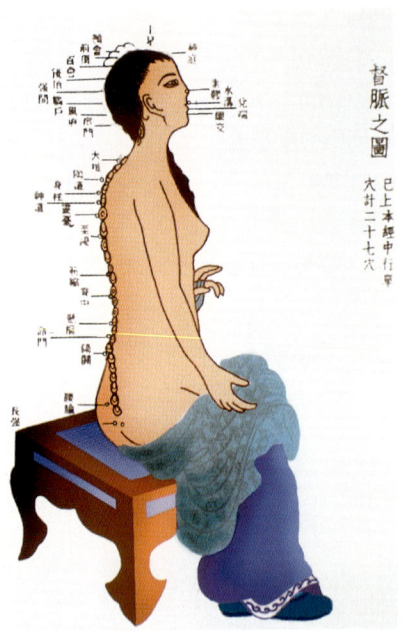

Mittlerweile gilt es in der europäischen Medizin als erwiesen, daß an den Akupunkturpunkten und den zwischen ihnen verlaufenden Meridianen die elektrische Leitfähigkeit der Haut größer als in ihrer Umgebung ist. Wir wissen auch, daß die in der Haut liegenden Nervenfasern viele Reize – Kälte, Hitze, Druck – übertragen und an das Gehirn weiterleiten, wo sie identifiziert werden. Nach amerikanischen Forschungen fließt die Lebensenergie aber nicht entlang der Nervenbahnen, sondern durch eigene, nachweisbare Kanäle.

Wird dieser Energiefluß – aus welchen Gründen auch immer – geschwächt oder gar blockiert, kommt es zu gesundheitlichen Störungen oder zu Krankheiten

Akupressur – mit sanftem Druck mehr Wohlbefinden

Es ist das Ziel der Akupressur, wie auch der Akupunktur, über entsprechende Punkte die Störung oder die Blockade des Energieflusses zu beseitigen und die Harmonie der körpereigenen Energien wiederherzustellen. Während man für die Akupunktur eine intensive Ausbildung und Akupunkturnadeln benötigt, was ihre Anwendung als Selbsthilfemethode eigentlich ausschließt, können Sie die Akupressur nach einiger Übung problemlos selbst ausführen.

Für die Akupressur werden wesentlich weniger Punkte benötigt als für die Akupunktur. Akupressiert wird zur Druckmassage der gewählten Punkte entweder mit der Kuppe des Zeigefingers, des Mittelfingers oder des Daumens.

Ist das Energiegleichgewicht Ihres Körpers oder Ihrer Seele

gestört, macht sich das auch auf der Haut bemerkbar. Sie fühlen sich nicht nur schlapp – man sieht es Ihnen auch an. Kleine Fältchen um Mund und Augen werden zu tiefen Furchen, der Teint scheint grau und fahl. Dazu kommen meist noch Schwellungen an den Lidern.

Abhilfe schafft hier die Akupressur. Durch Stimulation verschiedener Powerpunkte kommt der gestörte Energiefluß wieder in Schwung. Verstärken können Sie diese Wirkung noch, wenn Sie Aroma-Öle verwenden. Fertige Mischungen gibt es in der Parfümerie oder im Natur-Kosmetik-Laden; Sie können sich aber auch die Mischungen ganz nach Ihrem Geschmack selbst zubereiten.

Die Akupressur im Gesicht wird mit den Kuppen des Mittel- und Zeigefingers ausgeführt: Dazu legen Sie die Fingerkuppen auf die entsprechenden Punkte. Nun sollten Sie mit sanftem Druck durch feine, kreisende Bewegungen der Fingerkuppen diese Punkte massieren. Dabei langsam bis sieben zählen. Dann den Druck lösen. Die Finger ruhen fünf Sekunden auf den Punkten, ehe man wieder von vorn beginnt. Jede Übung wird dreimal wiederholt und kann fast überall und bei vielen Gelegenheiten durchgeführt werden – im Büro, zu Hause, im Flugzeug, im Zug, bei einer Autorast …

Hier einige Übungen zur Auswahl:

1. Übung – Gegen Nervosität

Diese Übung sollte am Anfang stehen. Der gewählte Punkt dient der Harmonisierung; wirkt beruhigend und ausgleichend auch auf die Haut. Gut bei Streß, Unruhe und Nervosität. Eine gute Übung für den Feierabend.

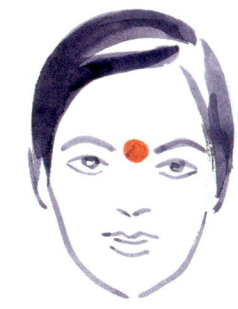

Sitz des Punktes: Zwischen den Augenbrauen, in der Mitte der Nasenwurzel.

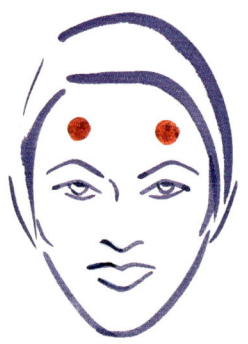

2. Übung – Entschlackt nach Eßsünden

Die Akupressur dieses Punktes unterstützt in positiver Wirkung den Stoffwechsel der Haut. Sie erscheint klarer und geschmeidiger. Entspannt die Gesichtszüge, hilft bei Kopfschmerzen und Müdigkeit. Nach einem all zu üppigen Festmahl zu empfehlen.

Sitz: Zwei Finger breit quer über den Augenbrauen, auf einer durch die Pupillenmitte gedachten Vertikale.

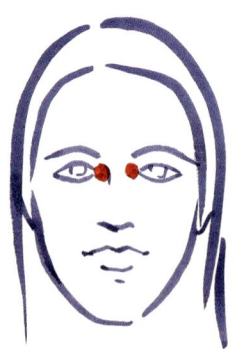

3. Übung – Sorgt für den richtigen Durchblick

Die chinesische Bezeichnung für diese Punkte heißt in der Übersetzung bezeichnenderweise »Augenglanz«. Die regelmäßige Akupressur dieser Punkte führt zur Verbesserung der Hautelastizität im Augenbereich. Ihre Augen erhalten einen klaren, glänzenden Ausdruck. Versuchen Sie diese Übung auch einmal vor einem wichtigen Termin. Sie werden sich einfach gut fühlen

Sitz des Punktes: In den inneren Augenwinkeln, am Ansatz des Nasenrückens.

4. Übung – Entspannt gestreßte Frauen

Verbessert die örtliche Durchblutung besonders im Nacken und erhöht die Spannkraft der Haut; auch gegen vorzeitige Fältchenbildung und Krähenfüße. Hilft bei Stirnkopfschmerzen. Die richtige Übung nach stundenlanger Arbeit am Computer.

Sitz des Punktes: Am äußeren Ende unterhalb der Augenbrauen.

5. Übung – Läßt müde Frauen wieder strahlen

Eine gute Übung vor einem Rendezvous: Diese
Punkte glätten kleine schräge Fältchen an den Mundwinkeln und sorgen für eine bessere Durchblutung
der Lippen. Die Haut um den Mund erscheint straffer.

   Hilft auch bei Verdauungsbeschwerden.
   Sitz des Punktes: Dicht neben den Mundwinkeln.

6. Übung – Bringt sensible Frauen wieder ins Gleichgewicht

Empfang der Düfte« lautet die Übersetzung für diese
Punkte. Dieser wichtige Stoffwechselpunkt wirkt
positiv auf Haut und Schleimhäute, beruhigt Hau-
tirritationen und belebt das Gewebe. Wirkt auch gegen Schnupfen und vermindertes Geschmacksemp-
finden.

   Diese Übung hilft Ihnen auch, nach einem Streit-
gespräch wieder im Lot zu sein.
   Sitz des Punktes: Seitlich der Nasenflügel, in Höhe
der Nasenlöcher.

7. Übung – Bringt Ihnen wieder gute Laune

Zwei Punkte, die den Regenerationsprozeß der
Haut unterstützen; die Übung beugt der Fältchenbildung um Mund- und Lippenpartie vor und wirkt
belebend. Diese Übung bei schlechter Stimmung
gleich morgens auf der Bettkante durchführen.
   Sitz des Punktes: Direkt über der Oberlippe und
unterhalb der Mitte der Unterlippe.

8. Übung – Macht Frauen vital und erotisch

Weckt Vitalität und Abwehrkräfte. Durch die verstärkte Durchblutung wird die Mikrozirkulation gefördert, was das Hautbild verbessert. Diese beiden Akupressurpunkte werden nur durch eine leichte Klopfmassage mit den Fingerkuppen stimuliert.

Versuchen Sie diese Übung doch einmal vor dem Sex. Oder noch besser: Lassen Sie diese Punkte von Ihrem Partner im Bett stimulieren.

Sitz des Punktes: Seitlich der Wangen unmittelbar vor den Ohren.

Selbstverständlich können diese Punkte auch mit einem Löffelchen stimuliert werden, wozu Sie später mehr erfahren.

Die Löffelmassage – eine komplexe und sanfte Methode

Wirkungsweise

Das Prinzip dieser Massage ist denkbar einfach und beruht auf dem Zusammenwirken verschiedener klassischer Massagetechniken. Sie ist eine Mischung aus der Streich- und Klopfmassage, der Lymphdrainage und der Akupressur, ergänzt durch die Aroma- und Farblichttherapie. Diese Kombination von Löffeln, ätherischen Ölen, Massage und Farblicht wirkt auf:
– die Nervenenden durch Kälte-Wärme-Reize
– die Akupressurpunkte durch Klopfen, Drücken und Streichen
– den Lymphfluß durch Streichen
– den Blutkreislauf durch die Massage und die ätherischen Öle
– die Muskulatur durch die Massage

– die Chakren durch die ätherischen Öle und das Farblicht
– die Meridiane durch die Schwingungen der ätherischen Öle
  und der Farben.
Die daraus resultierenden Wirkungen sind vielfältiger Natur:
– wirkt entschlackend, bindegewebsfestigend, entwässernd,
  durchblutungsfördernd
– bringt den Kreislauf und den Lymphfluß in Schwung
– mildert Schwellungen und Blutergüsse
– mindert Fältchen und Falten
– wirkt schlaffer Haut entgegen
– regt den Lymph- und Energiefluß an
– wirkt in Verbindung mit ätherischen Ölen an-, auf- oder ab-
  regend
– stimuliert die Muskulatur
– macht gute Laune und hebt die Stimmung durch den Spaß
  beim Löffeln
– fördert den Einklang mit sich selbst durch die Massage und
  die ätherischen Öle.

Methode

Das Grundprinzip der Löffelmassage ist ein sanftes Streichen.
Mit den Löffeln können Sie auch leichten Druck und kreisende
Bewegungen ausüben. Verpönt sind dagegen stark klatschende
und klopfende Bewegungen.

Druck sollen Sie mit den Löffeln ausüben, wenn Sie vom
Rande in Richtung Herz massieren, also von peripher nach zen-
tral. Sie bewegen damit die Gewebeflüssigkeit in diese Richtung.
Bei der entgegengesetzt gerichteten Bewegung arbeiten Sie ohne
Druck, damit die Flüssigkeit nicht wieder zurückgeschoben wird.
Sie aktivieren so z. B. den Lymphstrom und tragen zur Entschlak-
kung des Körpers bei. Optimal wirkt diese Massage, wenn Sie

entlang der Lymphbahnen arbeiten. Oder nutzen Sie die Aku-
punktur-Meridiane, um bestimmte Wirkungen zu erreichen.
Durch das Verwenden der unterschiedlichsten Massageöl-Mi-
schungen erreichen Sie Wirkungen, die über eine bloße Hautpflege hinausgehen: Die ätherischen Öle richtig ausgewählt,
können Sie sich entspannen und beruhigen oder anregen und
erfrischen, Ihre Stimmung aufhellen, Ihren Schlaf fördern und
Ihre Muskeln entkrampfen. Sie erzielen antivirale, antiseptische
oder antibakterielle Wirkungen. Bei regelmäßiger Anwendung
werden sogar Falten gemildert, verschwinden Schwellungen, und
die Haut sieht straffer und rosiger aus.

Die im Kapitel »Schön und fit löffeln – Die Übungen« beschriebenen Übungen sollen nur eine Anregung für weitere mög-
liche Löffelmassagen sein. Welche ätherischen Öle Sie dafür mit
einem Basisöl mischen, bleibt Ihrem Geschmack überlassen und
hängt ganz von dem Effekt ab, den Sie erzielen wollen.

Das bei vielen Übungen geforderte weiträumige Ausstreichen
dient auch dazu, das auf die Löffel gestrichene Gel oder Massage-
Öl gleichmäßig auf der Haut zu verteilen und einwirken zu lassen.

Der Vorteil der Löffelmassage gegenüber anderen Massagetechniken liegt darin, daß sie unaufwendig und leicht allein auszuführen ist. Da jeglicher Druck von den Händen über die Löffel geleitet wird, bevor er die Körperoberfläche erreicht, besteht
auch nicht die Gefahr, daß Sie durch zu starken Druck oder die
Haut zu sehr dehnendes Streichen Falten einmassieren, statt sie
zu glätten.

Mit den kreisenden und drückenden Bewegungen verbessern
Sie die Durchblutung des Gewebes und aktivieren damit den
Stoffwechsel an diesen Stellen.
Die Löffelmassage kann auch der in Massagetechniken nicht aus-
gebildete Laie anwenden, ohne daß er befürchten muß, durch
eine falsche Technik Schaden anzurichten.

Was Sie für die Löffelmassage brauchen

Für diese Massage brauchen Sie eigentlich recht wenig. Das meiste haben Sie ohnedies zu Hause in der Küche oder im Bad:
- Teelöffel, Kaffeelöffel, Mokkalöffel, Eislöffel, Eßlöffel, Suppenlöffel, Gemüselöffel. Je nach Größe der zu bearbeitenden Hautfläche werden kleinere oder größere Löffel verwendet.
- 1 Frotteehandtuch als Unterlage
- je 1 Glas mit kaltem und warmem Wasser
- 1 oder 2 Basisöle
- je nach beabsichtigter Wirkung und Hauttyp das entsprechende ätherische Öl oder eine Ölmischung
- für den Einsatz von Farblicht: Farbfolien und eine Tischlampe.

Massage mit duftenden Ölen – Labsal für die Seele

In den antiken Hochkulturen fand man nicht nur an der Massage schlechthin Vergnügen, sondern man verfeinerte diesen Genuß noch durch den Einsatz duftender Salböle. Blüten der beliebtesten Pflanzen wurden ausgepreßt, ausgekocht oder getrocknet und pulverisiert. Später lernte man, den Duft der Blüten auch mit Hilfe von Fetten und Ölen zu bewahren. Es waren die Araber, die die Wasserdampfdestillation erfanden, mit deren Hilfe sie reines ätherisches Öl aus den Pflanzen gewinnen konnten. Obwohl es sehr teuer war, liebten es die Ägypter aller Stände, sich den Körper in Gänze mit diesen wohlriechenden Salben und Ölen einzureiben, um sich im wahrsten Sinne des Wortes gut »riechen« zu können.

Diese duftenden Substanzen wurden auch als Bade-Essenzen und als Öle zur Massage verwendet. In vielen uns aus der Antike überlieferten Schriften finden sich Beschreibungen und Ratschläge dazu:

»Es ist recht gut, wenn derjenige, der einer Massage bedarf, massiert wird, wobei er weder stark eingesalbt noch völlig trocken sein, sondern nur etwas eingerieben und gleichmäßig massiert werden soll, und wenn er dann, nachdem er sich abgeschabt hat, ein angemessenes Bad nimmt; in der Regel ist es aber recht gut, wenn die Schwachen und Alten sich mit viel Fett gleichmäßig einreiben und sich selbst massieren; denn zugleich mit der Massage geschieht es, daß auch der Körper geübt wird, indem er sich aktiv bewegt ...«

Diokles von Karystos, Die gesunde Lebensweise

Mit dem Niedergang der antiken Hochkulturen ging allmählich auch das Wissen um die Kunst der duftenden Körperpflege verloren. Zum Ausgang des Mittelalters verfiel im nördlichen Europa das Bäderwesen völlig, und die von seiten der Kirche gepredigte Prüderie tat ein übriges, die wohltuende und heilende Wirkung der Massage in Vergessenheit geraten zu lassen. Heute, im Zeitalter des zunehmenden Körperkults, gehören Massagen mit Duftölen, Essenzen und Lotionen zur täglichen Körperpflege wie das Zähneputzen. Wie Sie raffinierte Ölmischungen selbst herstellen können und für welches Problem welches Öl verwendet werden kann, erfahren Sie im Kapitel »Rund um die Ätherischen Öle«.

Rund um die Ätherischen Öle

Von Zauberern, Hexen und Kräuterweibern

Die Ursprünge der Kräuterkunde reichen bis in die früheste Zeit der Menschheitsgeschichte zurück. Es gibt kein Volk auf dieser

Erde, das nicht beizeiten im Umgang und mit der Nutzung heilender und duftender Pflanzen Erfahrungen sammelte. Wir wissen das aus archäologischen Grabungen und schriftlich überlieferten Quellen, seien sie in Stein gehauen, auf Felswände gemalt, in Tontafeln geritzt oder auf Tierhäute oder Pergament geschrieben.

In Mesopotamien, dem zwischen den Flüssen Euphrat und Tigris gelegenen »Zweistromland«, wurden vor Tausenden von Jahren die bösen Krankheitsdämonen mit Kräutern, die der Priester unter Beschwörungen und mit Zauberritualen verabreichte, vertrieben. Dabei wurde genau darauf geachtet, daß die Kräutermedizin unter astrologisch günstigen Gesichtspunkten gegeben wurde. Am Himmel las der Priester ab, ob die Einflüsse des Tages günstig oder ungünstig für den Kranken waren. Die astrologisch ausgerichtete Heilkunde Mesopotamiens ging von einer Verbindung zwischen den einzelnen menschlichen Organen und den Sternzeichen aus.

Die astrologische Naturmedizin Mesopotamiens

Die Mesopotamier sahen in jedem Menschen ein verkleinertes Abbild des Kosmos, den sie sich als gigantischen Menschen (Makroanthropos) dachten, dessen Leib sie in die zwölf Tierkreiszeichen einteilten. Durch diesen Leib, so ihre Lehre, bewegen sich die sieben Wandelsterne Mond, Merkur, Venus, Sonne, Mars, Jupiter und Saturn. Im Menschen, dem Mikrokosmos dieses riesigen Urbildes, wirken daher – so ihre Lehre – die Kräfte der Sternzeichen:

Widder – im Schädel
Stier – im Nacken
Zwillinge – in Schultern und Armen
Krebs – in der oberen Brust
Löwe – in der Herzgegend
Jungfrau – auf den Magen
Waage – auf die Därme
Skorpion auf die Oberschenkel
Fische – auf die Füße
Schütze – auf die Waden
Steinbock – auf die Knie
Wassermann – auf innere Organe

Nach dieser Weltsicht beeinflussen die Kräfte der sieben Planeten die sieben Hauptorgane. Und so suchte man die Heilkräuter gegen bestimmte Erkrankungen in den Zeiten, in denen der betreffende wirkende Planet günstig stand.

Die Assyrer aus der Zeit um 3000 v. u. Z., so steht es auf Tontafeln jener Zeit in Keilschrift eingeritzt, kannten schon rund 250 Heilmittel, von denen die meisten pflanzlicher Herkunft waren. Sie verarbeiteten die heilenden Pflanzen zu Salben, Tees und Einläufen. Von Mesopotamien aus verbreitete sich die astrologisch bestimmte Naturheilkunde in alle Welt, entstand aber auch in anderen Erdteilen unabhängig von dieser.

Die ägyptischen Heilkundigen benutzten bereits die auch uns heute noch bekannten Pflanzen und Kräuter wie Ahorn, Fenchel, Flachs, Granatapfel, Knoblauch, Kümmel, Madonnenlilie, Wacholder u. v. a., die in den Kräutergärten der Tempel angebaut wurden.

Die Kräuterheilkunde blieb ebenso bei den Griechen und Römern der Antike wichtigster Bestandteil ihrer Medizin. Die berühmtesten Vertreter ihrer Zunft dieser Epochen waren Hippokrates (460–370 v. u. Z.), Dioskurides (1. Jahrh. u. Z.) und Claudius Galenus (131–201 u. Z.).

Aber mit dem Untergang des Römischen Reiches und dem Vordringen wilder Germanenstämme setzte der Niedergang dieser Kräutermedizin ein. Die Kenntnis der Kräuter überlebte nur in den Klöstern des frühen Mittelalters, in deren Gärten die Mönche kunstvolle Küchen- und Heilkräuterbeete anlegten – aber nur mit den Pflanzen, die in der Bibel und den anderen ihnen heiligen Schriften genannt waren: Da wuchsen dann neben anderen Bohnenkraut, Kresse, Kümmel, Liebstöckel, Fenchel, Salbei, viele Minzarten, Wermut, Lilie und Rose.

Hildegard von Bingen im Kloster Rubertsberg

In der Hochzeit des Mittelalters näherten sich

priesterliche und volkskundliche Naturmedizin einander. Hildegard von Bingen, die kräuterkundige
Äbtissin des 12. Jahrhunderts, verwendete nicht nur
die Pflanzen der Bibel und Klostergärten, sondern
auch die einheimischen, dem einfachen Volk bekannten Kräuter.

Es war jedoch den Arabern vorbehalten geblie-
ben, das klassische Naturheilkundeerbe Persiens, Mesopotamiens, Ägyptens und der alten Griechen und
Römer weiterzuentwickeln. Nach ihren Siegen über
die halbe Welt widmeten sie sich dem Studium der
überlieferten Schriften und schufen die Grundlagen
für eine hochentwickelte arabische Wissenschaft. Zu
jener Zeit wurde auch das Destillieren entwickelt,
jene Methode, mit deren Hilfe man aus den Pflanzen
die begehrten Essenzen für Tinkturen, Liköre und
Duftwasser gewann.

Aus dem 14. Jahrhundert stammt ein Frankfurter Gesetz, das folgendes besagte: Wer irgend-einem männlichen Untertan durch trughafte Mittel als da sind: rote und weiße Schminke, allerlei duftende Essen-zen und Puder, in die Ehe verlockt, wird wegen Zauberei verfolgt, und die Heirat kann vor Gericht für null und nichtig erklärt werden! Übrigens, die letzte »Hexe« wurde in Bayern zu König Ludwigs Zeiten verbrannt.

Mit der Christianisierung Mitteleuropas verbanden sich die alten
Namen der Heilkräuter mit den lateinischen und kirchlichen
Begriffen. Aber trotz aller Versuche seitens der Kirche und der
weltlichen Obrigkeit, das volkstümliche Wissen auszulöschen,
blieb die Kräuterkunde über die Jahrhunderte erhalten.

Ab dem 14. Jahrhundert ging man auch mit den Mitteln der
Inquisition gegen die als Hexen verleumdeten Kräuterkundigen
vor: Viele von ihnen wurden »gerädert« oder starben am Pran-
ger und auf dem Scheiterhaufen. Überlebende, die das alte Wissen bewahren konnten, gab es nur in wenigen abgelegenen Gebieten der Alpen, der Mittelgebirge, in Schottland, Wales und der
Gascogne.

Erst zu Zeiten der Renaissance erlebte die Naturmedizin eine
neue Blüte. Das alte Kräuterbuch des Diokurides wurde gedruckt;
die ersten botanischen Gärten entstanden.

Duftende Öle – anregend und heilend

Als man im 18. Jahrhundert in den adligen Kreisen Europas begann, sich für Düfte und duftende Öle zu interessieren, tat man es anfangs nur, die übelriechenden Körperausdünstungen zu kaschieren, denn mit der Körperpflege war es bei Hofe nicht weit her – entsprechend schlecht rochen die feinen Damen und Herren auch. Gleichzeitig erzielten sie aber damit auch einen äußerst positiven Effekt, denn viele ätherische Öle wirken keimtötend und bieten so einen Schutz vor Mikroben. Kein Wunder, daß man damals glaubte, gute Düfte würden auch die – durch schlechte Gedanken und Gerüche hervorgerufenen – Krankheiten vertreiben. Folgerichtig herrschte in Seuchenzeiten bei den Parfümeuren Hochkonjunktur.

Erst im 19. Jahrhundert setzte sich allmählich die Erkenntnis durch, daß Körperhygiene und -pflege für die Gesundheit unverzichtbar sind. Und bald entdeckte man die belebende Wirkung und therapeutische Wirkung der ätherischen Öle neu.

1928 veröffentlichte René Maurice Gattefossé sein Buch »Aromatherapie« und führte diesen Begriff in unseren Sprachschatz und die Methode in die Naturheilkunde ein.

Eine Massage, verbunden mit dem Einsatz ätherischer Öle, erzielt einen doppelten Effekt: Die heilende Kraft der Öle tut Körper und Seele gut, die Massage wirkt anregend oder entspannend auf den Organismus. Im Gegensatz zu den klassischen Massagemethoden, deren Anwendung eigens geschulten Physiotherapeuten überlassen bleiben sollte, kann die Aroma-Massage auch von ungeübten Laien nach kurzer Einführung als Selbsthilfemethode durchgeführt werden. Hierunter fällt auch die von mir erarbeitete und in diesem Buch beschriebene Löffelmassage mit ätherischen Ölen.

Es macht das Wesen der ätherischen Öle aus, daß sich ihre Wirksamkeit nicht an einem Wirkstoff festmachen läßt – sie besitzen vielmehr einen ganzheitlichen Effekt, denn sie bestehen aus unterschiedlichen Mengen vieler Einzelsubstanzen, deren Zusammenspiel erst zu den charakteristischen Wirkungen führt. Als Qualitätsstandard gilt: Für ein ätherisches Öl dürfen nur die Öle der Stammpflanze verwendet werden, also kein Verschnitt aus verschiedenen Pflanzen einer Art und auch kein Zusatz von Bestandteilen aus anderen Pflanzenarten. Die Herstellung und der Kauf von ätherischen Ölen sind Vertrauenssache, denn die Qualität des ätherisches Öls hängt ganz entscheidend von der Güte der verwendeten Pflanzen ab. Bestimmend dafür sind die Bodenbeschaffenheit, Sonne und Regen und der richtige Erntezeitpunkt.

Die alten Griechen sahen das so:

»Vor allem ist es nun angebracht, sich um die Lagerung und das Sammeln jedes einzelnen Stoffes zu dem jeweils angemessenen Zeitpunkt Gedanken zu machen; denn je nach dem Zeitpunkt erweisen sich die Heilmittel entweder als wirksam, oder sie sind in ihrer Wirkung gemindert; denn man muß sie bei heiterem Wetter sammeln. Denn auch darin besteht ein großer Unterschied, ob das Sammeln bei Trockenheit oder bei Regen erfolgt, wie auch darin, ob die jeweilige Gegend gebirgig, hochgelegen, Winden ausgesetzt, kalt und wasserarm ist; denn dann sind ihre Wirkungen stärker. In flachen, wasserreichen, schattigen und nicht den Winden ausgesetzten Gegenden sind aber die Wirkungen in der Regel schwächer und mehr noch die Wirkungen der Pflanzen, die im Hinblick auf die Jahreszeit nicht zum rechten Zeitpunkt gesammelt wurden oder die vor Schwäche verwelkt sind.«

Dioskurides, Über Arzneistoffe, Buch 1

Was sind ätherische Öle?

Vielleicht kennen Sie das auch noch aus Ihrer Kindheit: In der Weihnachtszeit wurden die Schalen der Apfelsinen nicht gleich fortgeworfen, sondern mit der Hand zusammengedrückt und in Richtung einer brennenden Kerze gehalten. Die mikroskopisch feine Flüssigkeit, die beim Zusammenpressen austrat, verströmte in der Kerzenflamme einen wunderbaren Duft – ätherisches Öl war freigesetzt worden und füllte mit seinem Aroma den ganzen Raum.

Aber auch wenn sie so genannt werden, sind die ätherischen Öle, die man aus Blüten, Blättern, Samen, Zweigen, Rinde oder Holz der verschiedensten Bäume, Sträucher und Blütenpflanzen gewinnen kann, keine Öle im allgemein gebrauchten Sinne, sondern sehr flüchtige Substanzen, die schnell verdunsten und dabei ihren Duft abgeben. Sie sind wasserunlöslich und werden deshalb in Alkoholen, Ölen oder Fetten aufbewahrt. Ihre komplexe Struktur – sie setzen sich zum Teil aus Hunderten von einzelnen Bestandteilen zusammen – macht sie hochwirksam.

So läßt sich auch die Wirksamkeit der ätherischen Öle niemals nur auf einen oder mehrere Bestandteile zurückführen, sondern es ist immer die Summe und Qualität aller Inhaltsstoffe, die letztlich die Wirkung ausmachen. Das ist es auch, was die natürlichen ätherischen Öle von standardisierten Substanzen unterscheidet, die von weitaus einfacherer »Bauweise« sind. Es ist das genuine ätherische Öl mit seiner großen Vielfalt an Inhaltstoffen, seinen Hauptbestandteilen, Neben- und Spurenkomponenten, das zugleich auf unseren Körper und auf unsere Seele wirkt. Über die Haut und die Schleimhäute – oder den Magen – nimmt unser Körper die Inhaltsstoffe auf, Blut und Lymphe transportieren sie zu den inneren Organen, und über unsere Nase stimuliert der Duft des Öls unsere Empfindungen: Körperliches Wohlbehagen geht einher mit seelischer Harmonie.

Wichtige Bestandteile ätherischer Öle

Aldehyde
– sind Oxidationsprodukte primärer Alkohole. Ihr Geruch ist meist angenehm blumen- oder obstartig. Sie sind in besonders »großen« Mengen in den Zitrusölen nachweisbar.

Cineol
– ist ein kampferähnlich riechendes bicyclisches Monoterpen. Es ist in fast allen ätherischen Ölen – in unterschiedlichen Mengen – enthalten. Da Cineol die Haut stark irritieren kann, sollten ätherische Öle mit einem hohen Cineolgehalt nur nach einem Hauverträglichkeitstest und dann auch nur in starker Verdünnung verwendet werden.

Ester
– sind eine Klasse chemischer Verbindungen, die aus Säuren und Alkoholen unter Bildung von Wasser entstehen. In kleinen Mengen kommen sie in fast allen ätherischen Ölen vor. Als wichtige Duftgeber verleihen sie ihnen ein blumiges, süßes und fruchtiges Aroma.

Ketone
– sind organische Verbindungen; als Oxidationsprodukte der sekundären Alkohole können sie in den Körperzellen auch wieder zu diesen reduziert werden. Bei Hungerkuren, aber auch bei Diabetes mellitus, sind sie nachweisbar im Blut des Betreffenden stark vermehrt und Zeichen des unvollständigen Abbaus von Kohlenhydraten und Fettsäuren.
Als Bestandteil ätherischer Öle sind sie besonders wegen ihrer zellerneuernden Eigenschaften geschätzt. Öle mit hohem Ketongehalt werden nur in kleinen Mengen verwendet.

Phenole
– sind Verbindungen mit einer oder mehreren Hydroxylgruppen an aromatischen Ringen. Zu ihnen gehören z. B. Anthocyanide, Flavone, das Tyrosin u. a. Da ätherische Öle mit Phenolanteil stark hautirritierend wirken können, sollten sie nur sehr vorsichtig und in kleinsten Mengen für kosmetische Zwecke verwendet werden.

Terpene
– bilden eine große Gruppe von Naturstoffen, die sich biogenetisch vom Isopren ableiten. Nach der Zahl der zum Aufbau verwendeten Terpen-Einheiten unterscheidet man z. B. Monoterpene, Sesquiterpene, Diterpene u. a. m. Terpene treten als Alkohole, Kohlenwasserstoffe, Äther, Ketone oder Aldehyde auf. Sie sind im Tier- und Pflanzenreich weit verbreitet, jedoch findet sich ihre ganze Vielfalt nur in höheren Pflanzen und damit auch in deren ätherischen Ölen, denen sie ein blumiges Aroma verleihen.

Ätherische Öle für die Löffelmassage

Anis-Öl

Das aus dem Samen destillierte Öl enthält 97 Prozent Anethol, welches auf das Nervensystem stark entspannend wirkt. Die uns vor allem als Gewürz bekannte Pflanze wurde von den Römern aus dem Orient nach Nordeuropa gebracht. Hauptwirkungen: krampflösend, beruhigend, stabilisierend
    Kombination mit: Kamillenöl, Melissenöl

Basilikum-Öl

Je nach Standort – Frankreich, Ägypten, Tansania, Thailand, Komoren oder Reunion u. a. – schwankt die Konzentration der einzelnen Inhaltsstoffe Estragol und Linalol. Bei hohem Estragol-gehalt wirkt Basilikum stark ausgleichend auf das Nervensystem, entkrampfend und antiseptisch. Der frischere Duft des europäischen Basilikums leitet sich aus einem höheren Linalolanteil her.

Basilikum wirkt seelisch entspannend und aufmunternd; körperlich entkrampfend, beruhigend und antiseptisch.

BENZOE

Vorwiegend aus Südostasien – Thailand, Indonesien – stammend, vermittelt der Duft des aus dem Harz der Baumrinde gewonnenen Extraktes ein Gefühl von Wärme und Geborgenheit. Es wirkt antiseptisch, entzündungshemmend und wundheilend.

BERGAMOTTE-ÖL

Die Hauptanbaugebiete liegen in Süditalien. Gewonnen wird es durch Kaltpressung der Schalen. Der Duft des Öls ist klar, fruchtig und frisch. Wirkende Bestandteile sind Terpenkohlenwasserstoffe und Lynalylacetat. Es wirkt beruhigend, angstlösend, stimmungsaufhellend, antiseptisch und entkrampfend – ein wunderbares Bade- und Massageöl.

Achtung: Bergamotte-Öl erhöht sehr stark die Lichtempfindlichkeit der Haut und darf deswegen nur in schwacher Konzentration und nicht bei starker Sonnenbestrahlung oder vor einem Solariumsbesuch benutzt werden, da sich sonst starke Pigmentverfärbungen auf der Haut ergeben

BOHNENKRAUT

Das bereits in der Antike kultivierte Bohnenkraut stammt aus dem östlichen Mittelmeerraum.

Wirkstoffe des Krauts sind ätherisches Öl, Carvacrol, p-Cymol und Gerbstoffe. Der Duft ist würzig, streng, lederartig. Bohnenkraut wirkt anregend auf Körper und Geist.

CAJEPUT

Durch Wasserdampfdestillation aus den Blättern und kleinen Zweigen der auf den Philippinen, in Malaysia und auf den Molukken beheimateten Pflanze, einem Myrtengewächs, gewonnen. Der Duft ähnelt dem des Eukalyptus. Cajeput wirkt muskelentspannend, antiviral, schmerzlindernd und fördert die Duchblutung.

Cajeput harmoniert gut mit Ingwer, Wacholder, Lavendel, Zitrus-Ölen, Pfefferminze.

EISENKRAUT

Hauptbestandteile des vorwiegend aus Wildsammlungen Südosteuropas stammenden Öls sind Geranial und Neral. Der Duft ist frisch und und zitronenähnlich. Es wirkt beruhigend, antidepressiv, harmonisierend und stark entzündungshemmend.

ESTRAGON-ÖL

Seine Heimat reicht von Frankreich über Sibirien bis nach Süd- und Westasien. Hauptbestandteil ist Methylchavicol; Cumarine verstärken seine starke krampflösende Wirkung. Gewonnen wird es durch Wasserdampfdestillation des blühenden Krautes. Der Duft ist würzig, mit frischer Note.

Es wirkt entkrampfend, verdauungsfördernd und entblähend.

EUKALYPTUS

Hauptanbaugebiete sind Spanien, Marokko und in Mittelasien. Der Duft ist frisch. Eukalyptus ist sehr gut geeignet zur Behebung von Ermüdungs- und Erschöpfungszuständen und zur Desinfektion von Räumen.

Wir unterscheiden:

Eucalyptus radiata – Bestandteile: Terpenalkohol, Cineol. Wirkt verbessernd auf die Raumluft, antiviral.

Eucalyptus dives – Bestandteile: Terpenkohlenwasserstoffe, Keton Piperiton

Eucalyptus globulus – Bestandteile: Terpenkohlenwasserstoffe, Cineol, Sesquiterpene und -alkohole. Wirkt schleimlösend und verbessert die Raumluft.

Eucalyptus polybracta – Bestandteil: Cineol. Wirkt schleimlösend und verbessert die Raumluft.

FENCHEL

Angebaut in Europa, Asien und Teilen Afrikas und Südamerikas, besitzt die würzig duftende Pflanze desinfizierende und entzündungshemmende Wirkung. Gewonnen wird das süß und anisartig duftende ätherische Öl durch Wasserdampfdestillation der zerstoßenen Samen. Fenchel wirkt beruhigend und entspannend, verdauungsfördernd, desinfizierend, entblähend, entkrampfend und durchblutungsfördernd

GERANIUM-ÖL

Die Pflanze ist in verschiedenen Ländern beheimatet: z. B. Algerien, Madagaskar und Guinea. Das Öl wird in unterschiedlichen Destillierverfahren gewonnen, was die Farbabstufungen von Braungelb bis Hellgrün erklärt. Auch die Eigenschaften variieren deshalb recht stark. Der Duft ist blumig und erinnert an Rosen – Ursache ist das im Geranium-Öl wie auch im Rosen-Öl enthaltene Citronellol.

Als Massage-Öl zusammen mit Rosmarin-Öl angewandt, verbessert es die Stimmung, stärkt das Gleichgewicht und schafft innere Harmonie. Es wirkt wegen seines Gehaltes an Estern auch gegen Pilzerkrankungen der Haut – und das, ohne die Bakterienflora der Haut zu zerstören.

Weitere Wirkungen: regt die Funktion der Leber und der Bauchspeicheldrüse an; lindert – äußerlich aufgetragen – Brustschmerzen vor und während der Menstruation.

INGWER

Gewonnen wird das Öl durch Wasserdampfdestillation aus den Wurzeln der Pflanze, die in Asien, Westafrika, Jamaika und Australien beheimatet ist. Wirkstoffe sind Zingiberol, Zingiberen, Shogaol und die Scharfstoffe Zingeron und Gingerol. Der Duft ist blumig, süßlich-erfrischend. Ingwer wirkt regenerierend, erwärmend, entblähend, magenstärkend und erotisierend.

JASMIN

Das durch Extraktion der Blüten gewonnene ätherische Öl duftet süß, betäubend und schwer. Jasmin stammt ursprünglich aus dem Fernen Osten. Es aktiviert die wärmenden Eigenschaften und wirkt erotisierend. Weitere Wirkungen: krampflösend, entspannend, tonisierend und harmonisierend.

KAMILLEN-ÖL

Kamille wächst als Wildpflanze in Europa und wird auch als Kulturpflanze in Amerika, Europa, Australien und Ägypten angebaut. Nur zwei der auf dem deutschen Mark angebotenen ätherischen Öle dürfen als Kamillen-Öl bezeichnet werden: das Öl der Deutschen Kamille (Matricaria recutita) und das der Römischen Kamille (Anthemis nobilis). Alle anderen beanspruchen diesen Namen zu Unrecht, da sie weder die Bestandteile dieser beiden besitzen noch deren heilende Wirkung entfalten. Deutsche Kamille wirkt sehr stark entzündungshemmend auf der Haut, bei Verbrennungen oder allergischen Ausschlägen.

Bei der Römischen Kamille sind es die Ester verschiedener Säuren, die ihre Wirkung ausmachen. Es entspannt und beruhigt, löst Krämpfe und nervöse Schockreaktionen.

KIEFERN-ÖL

Es stammt aus Europa, dem nördlichen Asien und Nordamerika. Der Duft ist eigenartig streng, holzig, ledrig. Auf der Haut darf Kiefern-Öl nur in starker Verdünnung angewendet werden. Besonders gut eignet es sich zur Desinfektion von Räumen.

KORIANDER

Die Pflanze wird heute überall auf der Welt als Gewürzpflanze geschätzt und angebaut. Durch wasserdampfdestillation der Samen gewinnt man das anisartig duftende Öl. Seine Hauptbestandteile sind Terpenalkohole, besonders Linalol. Der hohe Linalolgehalt läßt das Öl auf Haut und Seele stärkend und tonisierend wirken. Es wird häufig als Massage-, aber auch als Bade-Öl verwendet.

LATSCHENKIEFER

Der Baum wächst besonders im alpenländischen Hochgebirge. Der Duft des Öls ist harzig, balsamisch, holzig und angenehm nach Wald riechend. In Verbindung mit fetten Ölen eignet es sich sehr gut für Massagen oder als Einreibung. Es wirkt gegen Erschöpfung und Ermüdung und wird gern auch zur Luftverbesserung und Desinfektion von Räumen eingesetzt.

LAVENDEL-ÖL

Die violettblühenden Lavendelfelder der Mittelmeerländer sind ein unbeschreiblich schöner Anblick. Ihr Duft ist herb und frisch. Auch in unseren Breitengraden gedeiht der Lavendel an sonnigen und windgeschützten Standorten im Garten. Schon im Altertum nutzten die Menschen die heilsame Wirkung des Lavendels als Badezusatz, gegen Kopf-, Nerven- und Zahnschmerzen. Und auch unsere Großmütter bedienten sich seiner, um Motten im

Schrank und lästige Insekten zu vertreiben. Das ätherische Öl wird durch Wasserdampfdestillation der Blüten und Rispen gewonnen. Seine wichtigsten wirkenden Bestandteile sind Linalol und Linalylacetat.

Lavendel gibt es in verschiedenen Sorten. Die bekanntesten Anbaugebiete liegen in Südfrankreich und in Kroatien. Je nach Standort verändert sich auch seine Zusammensetzung ganz entscheidend. Das kroatische Lavendel-Öl ist noch gehaltvoller als das französische und besitzt deshalb auch stärkere antiseptische Eigenschaften. Besonders geeignet ist es daher für die Behandlung kleinerer Hautunreinheiten wie Mitesser, Pickel oder leichte Akneformen.

Lavendel-Öl wirkt auch gut gegen Verbrennungen, juckende Insektenstiche, kleine Schnittwunden und harmonisiert ganz allgemein die Haut. Lavendel läßt Sie besser schlafen.

LEMONENGRAS

Die Heimat dieser Pflanze ist Ostindien, Westindien, Madagaskar und Sri Lanka. Das ätherische Öl gewinnt man durch Wasserdampfdestillation des Grases. Sein Duft ist intensiv zitronenartig und frisch. Verwendet wird das Lemonengras zur Parfümierung kosmetischer Präparate ebenso wie für Teemischungen.

Das ätherische Öl wird auch als »Öl für das Bindegewebe« bezeichnet. Verdünnt man es mit einem Basis-Öl, z. B. Jojoba-Öl, ist es ideal zur straffenden Pflege der Büste. Ebenso pflegt es fettige und unreine Haut.

Lemonengras-Öl wirkt außerdem stimmungsaufhellend, anregend, erfrischend und belebend.

LORBEER

Die Pflanze wächst vor allem in Frankreich und Jugoslawien und war schon im Altertum sehr geschätzt. In der griechischen und römischen Mythologie ist der Lorbeer ein Symbol des Sieges und

ein Zeichen großer Ehrung. Mit Lorbeerkränzen wurden sieg-
reiche Feldherren und große Dichter und Philosophen geehrt.

Die wichtigsten wirkenden Bestandteile des Öls sind: Cineol,
Ester, Terpenalkohole und Eugenol. Daneben hat es aber noch
viele andere Komponenten, was sein äußerst breites Wirkspek-
trum erklärt. Lorbeer-Öl wirkt positiv auf das Lymphsystem und
läßt schon nach einmaliger Einreibung geschwollene Lymphknoten abschwellen. Auch als Massage-Öl ist es sehr angenehm,
stimuliert sanft und wirkt stärkend.

MAJORAN

Als aromatisches Gewürzkraut ist Majoran aus keiner Küche
wegzudenken. Beheimatet ist er ursprünglich in Nordafrika.
Sein Duft ist angenehm würzig und ähnelt dem des Korianders.
Seine wichtigsten Bestandteile sind Terpenalkohol (Terpin-4-
ol) und Terpenester. Destilliert aus der blühenden Pflanze, ähnelt
seine Zusammensetzung der des Teebaum-Öls, weshalb man dieses auch gut durch Majoran-Öl ersetzen kann. Majoran-Öl wirkt
antiseptisch und krampflösend. In einem Basis-Öl, z. B. Jojoba,
ist es ein ausgezeichnetes Massageöl. Majoran wirkt wärmend
und wohltuend auf Körper und Seele.

MANDARINEN-ÖL

Ursprünglich aus Ostasien stammend, wo sie schon im 11. Jahrhundert v. u. Z. kultiviert worden waren, gelangten die Manda-
rinen im 19. Jahrhundert u. Z. nach Südeuropa, wo sie auch
heute noch in großem Umfang angebaut werden.

Wichtige Bestandteile: Terpenkohlenwasserstoffe, vor allem
Limonen. Das durch Kaltpressung der Fruchtschalen gewonnene Mandarinen-Öl ist reich an beruhigendem Anthranilsäu-
reester und kann deshalb Angst, Nervosität und Streß mindern.
Auch wirkt es fiebersenkend, entkrampfend, desinfizierend und
antiseptisch. Sein Duft ist fruchtig und süß.

MELISSE

Die Melisse ist in Südeuropa beheimatet. Das ätherische Öl der Melisse ist wegen seiner geringen Ausbeute bei der Destillation sehr teuer. Die wichtigsten wirkenden Bestandteile sind die Terpenaldehyde Neral und Geranial. Melissen-Öl wirkt sehr stark antiviral: So können mit nur wenigen Anwendungen auf den betroffenen Hautstellen ein Herpesausbruch beendet und die Bläschen ausgetrocknet werden. Es wirkt, leicht einmassiert, gegen Kopfschmerzen und hat entzündungshemmenden Effekt. Melisse beruhigt Körper und Seele, macht den Geist frei, entspannt, fördert den Schlaf und bringt uns unser seelisches Gleichgewicht wieder.

Massage-Rezeptur:

Man mischt Melissen-Öl mit einem Basis-Öl im Verhältnis 1 : 100

MUSKATELLER-SALBEI

Der Salbeistrauch ist im Mittelmeerraum zu Hause. Durch Wasserdampfdestillation des blühenden Krautes wird das ätherische Öl gewonnen. Sein Aroma ist süß, warm, leicht harzig und frisch.

Es wirkt entkrampfend für Körper und Seele, entspannend, vitalisierend, anregend und erotisierend. Muskateller-Salbei aktiviert die harmonisierende, hingebende Leichtigkeit.

MYRRHE

Die Myrrhe ist in Nordafrika beheimatet. Hauptbestandteile des Öls sind Terpenkohlenwasserstoffe und Sesquiterpene. Der Duft ist trocken, balsamisch, mit erdhafter Note.

Sie wirkt stark antiviral und entzündungshemmend, weshalb sie auch gut als Mundwasser für die Zahnpflege einsetzbar ist. Myrrhe verbessert aber nicht nur den Atem, sondern pflegt auch den Rachenraum.

MYRTEN-ÖL

Die Myrte stammt aus den am Mittelmeer gelegenen Ländern und verströmt einen feinen, aromatischen, frischen Duft. Hauptbestandteil ist Monoterpenoxid (Cineol). Je nach Anbaugebiet der Pflanze ist das gewonnene ätherische Öl braun, rotbraun (Nordafrika) oder brillant grün (Korsika). Das grüne Myrten-Öl wirkt stark entspannend auf die Psyche; es regeneriert und strafft die Haut; wirkt antiallergisch (bei Heuschnupfen).

NARDEN-ÖL

Die Heimat der indischen Narde ist das Himalaja-Gebirge. Ihr Geruch ist humusartig, torfig, erdig. Wichtigste Bestandteile sind Sesquiterpene (Valeranol, Valerenal, Valeranon), Sesquiterpenalkohole und Sesquiterpenketone. Aus den Wurzeln destilliert man das angenehm duftende Öl. Äußerlich angewendet, z. B. über dem Sonnengeflecht eingerieben, hat es eine beruhigende Wirkung. Es wirkt gut gegen Irritationen, ebenso bei Hautproblemen und wird mit einigem Erfolg auch bei Schuppenflechte eingesetzt. Der Duft verhilft zur Findung des inneren Gleichgewichtes und harmonisiert das Zusammenspiel der seelischen und körperlichen Kräfte.

NELKEN-ÖL

Destilliert aus den Blüten, ist der wirkende Bestandteil des ätherischen Öls Eugenol. Es wirkt antiseptisch, antiviral und stärkend. Besonders bei Erschöpfungszuständen anzuwenden; kann aber auch sensibilisierend wirken – daher nur in geringen Konzentrationen einsetzen.

NEROLI-ÖL

Mittels Wasserdampfdestillation gewinnt man aus den Blüten der Orangen das kostbare ätherische Öl. Der Duft ist kraftvoll, frisch und süß. Neroli-Öl ist ideal zur Pflege der trockenen, emp-

findlichen, reifen Haut. Es wirkt außerdem beruhigend, angstlösend, stimmungsaufhellend und entspannend.

NIAOULI-ÖL
Der Baum, sein botanischer Name lautet Melaleuca quinquiner-
via viridiflora (MQV), stammt ursprünglich aus Neukaledonien,
ist aber heute auch in anderen Regionen der Welt wie Madagaskar oder Florida zu finden – nicht immer nur zur Freude der
Naturschützer, denn einmal angesiedelt, ist er kaum wieder los-
zuwerden und verdrängt die einheimische Flora. Außerdem
werden die Pollen dieses Baumes von Medizinern als stark aller-
giegefährdend eingestuft. Das Öl des Baumes ist dagegen stark
antiallergisch. Wichtigste Bestandteile sind: Terpenkohlenwasserstoffe, Terpenalkohole, Sesquiterpenalkohole, Terpenoxid (Cineol).

Neben seinen antiallergischen Eigenschaften besitzt das Öl
auch die Fähigkeit, Gewebe zu straffen und spezifische und un-
spezifische Hautprobleme zu heilen. Die Anwendung als Massageöl erfrischt und stimuliert die Abwehrkräfte des Organismus.
In der Aromalampe verströmt es einen angenehmen, wohltuen-
den und entspannenden Duft.

ORANGEN-ÖL
Das ätherische Öl der Orangen wird durch die Kaltpressung der
Schalen gewonnen. Das Öl duftet lieblich und wirkt belebend,
schnell erwärmend und beruhigend.

Es fördert die Harmonie, macht fröhlich und läßt das Herz
»lächeln«. Orangen-Öl ist ideal für die Hautpflege. Jedoch sollte
man es nicht pur verwenden, sondern für Massagen, Bäder oder
Duschen verdünnen. Als Massageöl wird es mit Zypresse gemischt.

OREGANO

Anderer Name: Dost (Origanum vulgare), verwandt mit dem Majoran (Origanum majorana). Oregano ist in Europa, Kleinasien und Asien beheimatet und wird weltweit kultiviert. Das ätherische Öl ist von bitter-scharfem Geruch. Der hohe Anteil an Phenolen macht es zu einem wirksamen Desinfektionsmittel gegen Viren, Pilze und Bakterien. Um Hautreizungen zu verhindern, muß Oregano-Öl immer in einem fetten Öl verrührt werden, um seine Konzentration zu verdünnen.

PATCHOULI

Die Pflanze stammt ursprünglich aus Malaysia und Indien, wird aber heute bevorzugt in China und Singapur angebaut und destilliert. Wirkende Bestandteile sind Sesquiterpene und Sesquiterpenalkohole. In Indien dient die Pflanze seit alters dazu, die Wäsche zu parfümieren und vor Motten zu schützen.

Die starke antiseptische und bakterizide Wirkung ist bewiesen. Daher eignet sich Patchouli auch besonders für die verschiedenen Hautprobleme wie Akne, Allergien, Ekzeme, Herpes und alle möglichen Wunden und ist außerdem ein gutes Venetonikum. Weiter wirkt Patchouli-Öl desodorierend, ist energievoll und fördert zusammen mit Ylang-Ylang, Zitrone, Rose oder Jasmin die Leidenschaft. Nur verdünnt verwenden.

PFEFFERMINZ-ÖL

Das erfrischend duftende ätherische Öl wird durch Wasserdampfdestillation der Blätter gewonnen. Hauptbestandteile sind Menthol und Menthon. Schon im Altertum schätzte man seine heilende Wirkung bei Kopf- und Nervenschmerzen. Pfefferminzöl wirkt: entkrampfend, entblähend, antibakteriell, antimykotisch, entzündungshemmend, zellerneuernd und durchblutungsfördernd. Es ist sehr anregend, macht einen klaren Kopf und bringt die Gedanken in Schwung.

ROSEN-ÖL

Die alten Römer und Griechen sahen in der Rose ein Symbol der Jugend, der Unschuld, der blühenden Leidenschaft und der Liebe.

Zur Gewinnung 1 kg reinen Rosen-Öls durch Wasserdampfdestillation sind etwa 4000–5000 kg Blüten erforderlich. Deswegen ist das Öl auch besonders kostbar und teuer. Es duftet warm, betörend, süß. Hauptbestandteile sind Terpenalkohole (Citronello) und Paraffine. Rosen-Öl wirkt stärkend auf das Nervensystem, verstärkt die Fähigkeit zur Hingabe und ist ein bekanntes Aphrodisiakum.

ROSENHOLZ

Wächst in Brasilien und auf Madagaskar. Das ätherische Öl wird durch Wasserdampfdestillation der zerkleinerten Holzspäne gewonnen. Der Duft ist lieblich mit leicht blumiger Note. Es wirkt beruhigend und stimmungsaufhellend. Seine antiviralen, antibakteriellen und antimykotischen Eigenschaften machen es für die Hautpflege besonders geeignet – zur Regeneration des Gewebes, bei energieloser, müder und irritierter Haut.

ROSMARIN

Kommt in nahezu allen Mittelmeerländern vor. Das Öl – wirkende Bestandteile: Terpenketon (Campher), Terpenoxid (Cineol), Terpenkohlenwasserstoffe – kann, wie alle Ätherischen Öle, seine volle Wirkung nur entfalten, wenn es rein und nicht mit anderen Ölen verschnitten und verlängert wurde. Der Kaufpreis sagt also schon etwas über die Qualität aus.

Der Duft ist kampferartig. Zur Massage ein zuverlässiger »Muntermacher«. Rosmarin-Öl wirkt hautpflegend, regenerierend, gegen unreine und fettige Haut.

SALBEI

Die Pflanze stammt aus den nördlichen Mittel-meerländern. Hauptbestandteile sind vor allem in hoher Konzentration Ketone, besonders Thujon. Das kräftig und würzig duftende Öl wirkt antibak-teriell und antiviral; stärkend, reinigend, harmoni-sierend.

SANDELHOLZ

Wächst in West- und Ostindien. Das Öl wird mittels Wasser-dampfdestillation des gemahlenen Holzes gewonnen. Sein Duft ist warm, samtig, und süß-mild. Es eignet sich gut zur Pflege der trockenen und reifen Haut. Der angenehme Duft hebt die Stim-mung, wirkt ausgleichend und harmonisierend.

THYMIAN

Die krautige Pflanze stammt ursprünglich aus dem Mittelmeerraum und aus Südeuropa. Von den Grie-chen der Antike als Räucherwerk in den Tempeln benutzt, diente er aber auch als Gewürz- und Heil-pflanze.

Wirkende Bestandteile: Phenol (Thymol, Cava-crol), Terpenalkohole.

Durch Dampfdestillation aus den Blüten gewon-nen, wirkt das ätherische Öl stark keimtötend, haut-straffend, hautreinigend, bei Pickeln und Mitessern. Hilft auch gegen Ekzeme, Kopfgrind und Psoriasis. Der Duft läßt geistiges und körperliches Schwä-chegefühl überwinden.

VETIVER

Seine Heimat ist Nordindien. Das ätherische Öl duftet wurzel-artig, erdig, wie feuchter Waldboden, warm und tief. Zur Pflege und Regeneration der reiferen und müden Haut wird es mit einem Basis-Öl vermischt.

WACHOLDER

Der Wacholder stammt eigentlich aus dem nördlichen Mittelmeerraum, ist aber inzwischen auch bei uns seit langem heimisch geworden. Durch Wasserdampfdestillation der Zweige und Früchte gewinnt man das kräftig und fruchtig duftende ätherische Öl. Hauptbestandteil sind Terpenalkohole. Das Öl wirkt anregend, durchblutungsfördernd und entwässernd. Diese Eigenschaft nutzt man, indem man Wacholderbeer-Öl in Mischungen zur Behandlung der Cellulite gibt – sie aktivieren den Zellstoffwechsel und bauen bestimmte Lipide (Fette) über den Stoffwechsel ab.

In Duftlampen wird das Öl zur Reinigung der Raumluft und zur Unterstützung der Meditation genutzt. Es aktiviert bei Ermüdungserscheinungen.

YLANG-YLANG-ÖL

Die Ylang-Ylang-Bäume sind in Indonesien, auf den Komoren, den Philippinen, von denen das beste Öl kommt, und auf Madagaskar beheimatet. Das ätherische Öl wird durch Dampfdestillationder schönen gelben Blüten gewonnen. Seine Hauptbestandteile sind Sesquiterpene, Ester, Terpenalkohole. Sein Duft ist schwer, sehr sinnlich, blumig und ausgrägt exotisch. Ylang-Ylang-Öl wirkt seelisch und körperlich entspannend und ausgleichend. Es wird gern für die Zubereitung exotischer Bade- und Massage-Öle verwendet und läßt sich gut mit Sandelholz-, Rosenholz- oder Jasmin-Öl kombinieren.

ZEDERNHOLZ-ÖL

Das ätherische Öl wird aus dem Holz des Virginischen Wacholders – seine Heimat ist Nordamerika – durch Wasserdampfdestillation gewonnen. Seine wichtigsten wirkenden Bestandteile sind Cedren und Cedrol. Es wird in Hautpflegepräparaten zur Behandlung unreiner, problematischer, fetter Haut verwendet.

ZIMT

Der Zimtbaum ist in Asien beheimatet. Aus den Blättern, den unreifen getrockneten Früchten und den Bruchstücken der Zimt-rinde destilliert man das ätherische Öl, dessen wichtigster Be-standteil Zimtaldehyd ist. Das Öl duftet süß, warm und würzig. Da es nicht gut verträglich ist, sollte man es nicht direkt auf die Haut auftragen. In der Duftlampe vermittelt es ein Gefühl von Schutz und Stärke, unterstützt die Meditation.

ZITRONEN-ÖL

Die Stammform der heutigen etwa 100 Arten des Zitronen-baums war ursprünglich in Südostasien, China und Süd-Malay-sia beheimatet. Alexander der Große brachte sie in den Mittel-meerraum. Heute werden Zitronenbäume in allen subtropischen Gebieten der Erde wegen ihrer Früchte und zur Gewinnung des ätherischen Öls kultiviert. Bestandteil: Terpenkohlenwasserstoffe. Sein Duft ist frisch und fruchtig. Zur Hautpflege verdünnt man es mit einem Basis-Öl – es wirkt entschlackend bei fettiger Haut und antiseptisch. Für die Reinigung der Zimmerluft bestens ge-eignet, wirkt erfrischend und anregend; belebt Körper und Geist. Beliebt auch für erfrischende Massagen und Einreibungen. Gern wird es auch in der Küche für Süßspeisen und Getränke ver-wendet.

ZYPRESSEN-ÖL

Die Gattung ist mit etwa 15 Arten von Ostasien bis zum östli-chen Mittelmeergebiet und im westlichen Nordamerika ver-breitet. Die Echte Zypresse kommt im westlichen Asien und am Mittelmeer vor. Aus ihr gewinnt man mittels Wasserdampfdestillation der Blätter, Zweige und Früchte das ätherische Öl. Sein Duft ist nußartig, leicht holzig, fein, würzig frisch. Er wirkt beruhigend und stellt das Stimmungsgleichgewicht wieder her. Das Öl wird viel in Hautpflege- und Bade-Ölen verwendet. Wirkung: antiseptisch, desodorierend und adstringierend. Geeignet für die unreine und problematische Haut; ebenso für erfrischende Massagen zur Stärkung des Bindegewebes.

Die Basisöle

Basisöle dienen zur Verdünnung und als Trägersubstanzen für die leicht flüchtigen ätherischen Öle. Es sind fette Öle aus den Samen oder Früchten der unterschiedlichsten Pflanzen, die man durch verschiedene Methoden gewinnt: Extraktion, Raffination, kalte oder heiße Pressung.

Aufgrund der in ihnen enthaltenen Inhaltsstoffe besitzen diese fetten Öle auch selbst sehr gute hautpflegende oder auch heilende Eigenschaften.

Für die Mischung verwenden Sie in der Regel 50 ml (etwa _ Kaffeetasse) eines Basisöls und geben 1–10 Tropfen eines ätherischen Öls – oder auch mehrerer – dazu. Welche Öle und welche

Menge Sie für Ihre Löffelmassage verwenden, liegt in Ihrem Ermessen und hängt immer von der Wirkung ab, die Sie mit den Ölen erreichen und welche Körperpartien Sie damit bearbeiten wollen. So reichen z. B. für Gesichtsbehandlungen kleinere Mischungen aus: 1 Eßlöffel Basisöl mit 1–2 Tropfen ätherischem Öl in einem Schälchen vermischt.

Viel hilft nicht immer viel! Das gilt

auch hier: Die Löffel dürfen keinesfalls vor Öl tropfen, denn dann rutschen sie nur über die Haut, und Sie können nicht mit ihnen massieren. Bestreichen Sie also die Rückseite der Löffel nur mit 1–2 Tropfen Ihrer Ölmischung. Ist das Öl »wegmassiert«, können Sie die Löffel bei Bedarf erneut mit Öl präparieren.

Hier eine Auswahl der von mir am liebsten verwendeten Basisöle:

ALOE-VERA-ÖL

Das durch Sprühtrocknung aus dem Zellsaft der Pflanze gewonnene und aufbereitete Gel wird mit Soja-Öl gemischt. Seine wirkenden Bestandteile sind Aminosäuren, Aminozucker, Mono- und Polysaccharide, Spurenelemente und Enzyme. Aloe schützt die Haut vor UV-Licht, versorgt sie mit Feuchtigkeit, beruhigt irritierte Haut und wirkt pflegend.

APRIKOSENKERN-ÖL

Das aus den Kernen gewonnene Öl gilt als besonders verträglich. Sein Duft erinnert entfernt an Marzipan, es ist gut haltbar und zieht schnell ein. Hauptbestandteile sind einfach ungesättigte Fettsäuren. Seine gute Verträglichkeit macht es auch für die Babyphaut geeignet. Aprikosenkern-Öl paßt zu allen Hauttypen und pflegt besonders die trockene und empfindliche Haut.

JOHANNISKRAUT-ÖL

Dieses Öl ist ein sogenanntes Mazerat, d. h. die Pflanze wurde einige Zeit in Öl gelegt und der Sonne ausgesetzt. Dabei hat sie ihre Wirkstoffe in das Pflanzenöl abgegeben. Johanniskraut-Öl wirkt wundheilend, entzündungshemmend, muskelentspannend und pflegt die gesunde und auch die problematische Haut.
Es ist darüber hinaus beruhigend, nervenstärkend und wirkt seelisch aufmunternd. Deshalb wird das Johanniskraut auch zu pflanzlichen Medikamenten gegen Depressionen verarbeitet.

JOJOBA-ÖL

Schon die Indianer der südamerikanischen Hochkulturen schätzten das Jojoba-Öl und verwendeten es besonders auch für heilende Zwecke. Eigentlich ist es ein bei Zimmertemperatur flüssiges Wachs, das aus den Estern der ungesättigten Fettsäuren mit Fettalkoholen besteht und etwa 20 Jahre haltbar ist! Man gewinnt es in Israel, Mexiko und Kalifornien durch Kaltpressung der Nüsse des Jojobastrauches. Für die Hautpflege ist es geradezu ideal – es läßt sich gut auftragen, dringt leicht in die Haut ein, verleiht ihr einen seidigen Schimmer. Wirkung: Reguliert den Feuchtigkeitshaushalt und stabilisiert den Hydrolipidmantel (Fettfeuchtigkeitsmantel) der Haut. So wird die Haut glatt und geschmeidig. Das enthaltene Vitamin E sorgt für eine Stärkung des Bindegewebes und beugt so Falten vor.
Inhaltsstoffe: Wachs, Vitamine, Carotinoide.

MACADAMIANUSS-ÖL

Das aus Australien und den pazifischen Ländern stammende Öl wird durch Kaltpressung gewonnen und sofort lösungsmittelfrei raffiniert, was seine Farbe aufhellt und seine Haltbarkeit erhöht. Das Öl duftet ganz zart nach Nuß. Bestandteile: Palmitoleinsäure. Gut geeignet für alle Hauttypen, besonders auch für die trockene und spröde Haut. Macht die Haut weich.

MANDEL-ÖL

Für die Schönheitspflege nutzten es die asiatischen Völker schon vor Jahrtausenden. Man gewinnt es normalerweise durch Kaltpressung aus den Samen der Bittermandel, die reichlich das bittere und giftige Amygdalin enthalten, weshalb dieses Mandel-Öl auch niemals innerlich angewendet werden darf. Nur das aus der Süßmandel gewonnene und ausdrücklich als »Süßes Mandelöl« deklarierte Öl darf eingenommen werden.
Mandel-Öl besteht hauptsächlich aus Ölsäure, Linolsäure und

gesättigten Fettsäuren. Es wirkt reizlindernd, hautpflegend und -schützend, eignet sich besonders gut für die Pflege der trockenen, schuppenden und juckenden Haut. Auch die sehr empfindliche und die Baby-Haut vertragen es gut.

NACHTKERZEN-ÖL

In Spanien und Frankreich angebaut, gewinnt man durch Kaltpressung aus den Samen der Pflanze das helle, zart duftende Öl. Es besitzt einen sehr hohen Anteil an Linol- und Linolensäuren. Man nutzt seine beruhigende Wirkung besonders für die trockkene, irritierte Haut und bei Ekzemen.

OLIVEN-ÖL

Olivenbäume erreichen ein stattliches Alter, und zum Teil werden Oliven von Bäumen geerntet, die schon 2000 Jahre alt sind. Das Öl wird aus den Früchten des Olivenbaumes kalt gepreßt. Hauptlieferanten sind Griechenland, Spanien, Italien, die Türkei und Nordafrika. Das Öl ist hell- bis dunkelgrün und von herbem Duft, seine wichtigsten Bestandteile sind Ölsäure, gesättigte Fettsäuren, Linolsäure, phenolische Verbindungen und Vitamin E. Oliven-Öl ist eines der fettesten Öle überhaupt und gut geeignet für trockene schuppige und irritierte Haut.
Es gibt verschiedene Sorten des Öls, die auch qualitativ sehr unterschiedlich sind. Für unsere Zwecke empfiehlt sich die Qualität »Extra Vierge«.

SESAM-ÖL

Sesam gilt als die vermutlich älteste Ölpflanze und stammt ursprünglich aus Afrika, wird aber schon seit Jahrtausenden auch in Indien und China angebaut. Die durch Kaltpressung und Filtrierung gewonnenen Öle sind am besten als Hautöle geeignet. Inhaltstoffe: Ölsäure, Linolsäure, gesättigte Fettsäuren, Phenole, Phytosterole, Lignana u. a. m.

Sesam-Öl hat eine ausgezeichnete hautpflegende und -regene-
rierende Wirkung und ist zugleich auch ein Nerventonikum,
das seelische Kraft gibt, uns wieder aufbaut, wenn wir mit den
Nerven am Ende sind.

SOJA-ÖL

So unscheinbar die Soja-Pflanze auch wirkt, so hat sie doch von
allen Gemüsepflanzen den höchsten Nährwert. Das Öl wird
durch Extraktion und Raffination gewonnen; es ist sehr haltbar
und hocherhitzbar, aber seiner wertvollen Inhaltsstoffe beraubt.
Nur kaltgepreßtes und naturbelassenes Soja-Öl enthält noch
seine hochwirksamen Inhaltsstoffe: Linolensäure, Linolsäure,
Ölsäure, gesättigte Fettsäuren, Sojalecithin, Phytosterole, Vitamin E. Es ist allerdings auch nur begrenzt haltbar, weshalb man
es zur Hautpflege im Verhältnis 1:1 mit Jojoba- oder Avocado-
Öl mischen sollte.
Wirkung auf die Haut: macht sie geschmeidig, verhindert Sprö-
digkeit und Hautrisse und schützt entzündete und Akne-Haut.

SONNENBLUMEN-ÖL

Auch dieses Öl gehört zu den Multitalenten, die man innerlich
und äußerlich gleichermaßen gut anwenden kann. Das aus den
Kernen kaltgepreßte Öl ist reich an Ölsäure, enthält Linolsäure,
gesättigte Fettsäuren und viel Vitamin E.
Bei Hautproblemen wie der Akne unterstützt es die Heilung,
verbessert das Hautbild bei Ekzemen. Vitamin E ist ein wichtiges Zellschutzmittel und fördert den Aufbau der Schleimhäute.
Zur Hautpflege sollte man es jedoch lieber mit Jojoba mischen,
da es sonst nur sehr begrenzt haltbar ist.

WALNUSS-ÖL

Aufgrund seines hohen Gehaltes an Linolsäure ein sehr wertvolles Öl, das unser Immunsystem stärkt, positiv auf den Fettstoff-

wechsel und den Hormonhaushalt wirkt und die Hautregeneration fördert. Neben den ungesättigten Fettsäuren enthält Walnuß-Öl viel Vitamin A, B und E. Man gewinnt das Öl durch Kaltpressung der Nüsse.

WEIZENKEIM-ÖL
Gewonnen wird das wertvolle Öl durch Kaltpressung der Keimlinge. Sein Geruch ist sehr intensiv, deshalb mischt man es sowohl für den Gebrauch in der Küche als auch für die kosmetische Nutzung besser mit anderen Pflanzenölen.
Für die Hautpflege wird es innerlich und äußerlich angewendet – und es beugt ideal der vorzeitigen Hautalterung vor, stärkt das Bindewebe und hilft bei Hautproblemen wie z. B. bei Ekzemen. Auch dieses Öl hat einen intensiven Geruch und wirkt färbend, weshalb man es mit anderen Ölen im Verhältnis 1:9 mischen sollte.

Wie Farben wirken

Der Volksmund kennt für unser Verhältnis zu den Farben viele stimmige Redewendungen:
So sehen wir durch die »rosarote Brille« die Welt geschönt. Wer dagegen »schwarz« sieht, dem schwant Unheil. Sich »gelb ärgern«, heißt neidisch sein, und jemandem »nicht grün sein«, bedeutet, ihn nicht leiden zu können. Und wem die ganze Welt »rosarot« oder »himmelblau« erscheint, der ist wohl verliebt. Wir fordern von jemanden, daß er »Farbe bekennen«, d.h. sich zu seinen Gefühlen oder zu Tatsachen äußern soll, die er lieber nicht ansprechen würde. Wer »rot sieht«, ist ohne Zweifel äußerst wütend. Und den Vorwurf der Blauäugigkeit handelt sich ein, wer zu naiv an das Leben herangeht.

Farben regen uns an – oder auch auf. Wenn wir Farben auswählen – für welchen Zweck auch immer – geben wir damit
auch ein wenig unseren Seelenzustand preis. Farben sind verräterisch. Johann Wolfgang von Goethe, nicht nur als Dichterfürst
gerühmt, sondern auch durch seine naturwissenschaftlichen
Studien bekannt, faßte die Ergebnisse seiner Farbenlehre mit
den Worten zusammen:

»Nichts ist drinnen, nichts ist draußen,
denn was innen, das ist außen.«

Farben sind verräterisch. Mit Farben drücken wir unsere unbe-
wußte Haltung zu einer Situation aus. Dabei steht Rot für tiefe
Gefühle, Selbstvertrauen und angestrebte Dominanz, Grün für
Selbstachtung, aber auch für den Wunsch nach sozialen Bin-
dungen, Gelb für Freiheit und Kreativität, Blau für Zufrieden-
heit – es vermittelt Ruhe – Schwarz signalisiert den Wunsch, aus
der Masse hervorzutreten.
    Farben können uns anregen, alarmieren, beruhigen und trö-
sten.
    Daß bestimmte Farbe auch bestimmte Wirkungen auf uns
haben und entsprechende Reaktionen auslösen können, läßt sich
schon an Kinderzeichnungen sehen: Ist der kleine Maler oder
die kleine Malerin traurig, sind die Farben auf dem Bild dunkel;
ist das Kind fröhlich, sind auch die Farben hell.

Fällt ein Lichtstrahl durch ein Prisma, so wird das weiße Licht in
sieben Farben gebrochen, die sogenannten Spektralfarben. Man
unterteilt sie in die primären Farben Rot, Blau und Gelb; in die
Sekundärfarben Orange, Grün, Violett und – die Synthese aus
allen – die spirituelle Farbe Indigo. Die Spektralfarben lassen
sich nicht in weitere Farben zerlegen, jedoch kann man aus den
Primärfarben die Sekundärfarben mischen. Differenziert man

die Farben nach weiteren Eigenschaften wie z.B. Wärme, so stehen in der Folge von kühl bis warm diese Farben so: Violett, Indigo, Blau, Grün, Gelb, Orange, Rot.

Schon in den alten Kulturen kannte man die verschiedensten Farbtherapien für die Behandlung aller möglichen körperlichen und seelischen Leiden. Bei den Ägyptern gab es licht- und farbdurchflutete Heiltempel. Bei den alten Chinesen wurden Epileptiker mit violetten Farben umgeben, um ihr Leiden zu lindern; Scharlachkranke behandelte man mit rotem, Darmkranke mit gelbem Licht. In Persien, im alten und modernen Indien, im alten Griechenland und bei den Babyloniern bestrahlte man zu therapeutischen Zwecken Wasser und Nahrungsmittel, die selbst nach ihren Farben ausgewählt worden waren, mit farbigem Licht.

Der indische Heiler Dinshah Ghadiali, dessen 1933 erschienenes Buch über Farbschwingungen zum Klassiker wurde, vertrat die Auffassung, daß das Unwohlsein beim Menschen durch das Fehlen oder das übermäßige Vorhandensein bestimmter Farben im Körper entstünde. Seine Therapie: farbiges Lampenlicht, mit dem der Kranke bestrahlt wird, um sein Gleichgewicht wieder herzustellen.

Der Nachweis, daß farbiges Licht uns Menschen auf die unterschiedlichste Weise beeinflussen kann, wurde schließlich in den 70er und 80er Jahren erbracht. Wir nutzen sie, um die verschiedenen Seelenzustände zu unterstützen.

Durch das Bestrahlen der Löffel mit farbigem Licht wird die Energie der jeweiligen Farbe vom Löffel aufgenommen und beim Einmassieren auf die Haut bzw. die betreffenden Nervenpunkte übertragen. Wer z.B. kalte Füße hat, sollte die Löffel zuvor mit

Kombinieren Sie die Löffelmassage mit einer Farbbestrahlung. Die jeweilige Farbe wählen Sie nach der gewünschten Wirkung auf Ihr Gemüt aus. Sie können dazu im Handel erhältliche Farbfolien verwenden, die sie vor einer Lichtquelle anbringen – fertig ist die Farblichtlampe. Oder Sie legen die Folie über Ihre Massagelöffel und bestrahlen diese einige Zeit (ca. 10 Minuten) mit einer Lampe.

MEIN TIP

FARBWIRKUNGEN

Rot	stimuliert den Energiefluß, weckt Leidenschaft, wärmt
Orange	wirkt erregend, erotisierend und leicht wärmend
Gelb	wärmt, stimuliert, steht für Lachen
Grün	harmonisiert Körper, Geist und Seele, beruhigt
Türkis	stimmt optimistisch
Blau	beruhigt, stimmt friedvoll, vermittelt Sicherheit, Heiterkeit
Violett	gut gegen Streß und Hyperaktivität, wirkt beruhigend, hilft meditieren
Rosa	gegen Angst und Unruhe.

Rot bestrahlen. Gegen geschwollene Augen hilft Gelb und bei geröteten Hautstellen Blau. Um das Liebesleben zu aktivieren, können Sie die Löffel mit Orange bestrahlen, dann mit einer Mischung aus süßem Mandelöl, einem Tropfen Patchouli, kombiniert mit Rose oder Jasmin und Ylang-Ylang, bestreichen. Umkreisen Sie mit den so präparierten Löffeln das Bauchchakra, d. h., bewegen Sie die Löffel im Uhrzeigersinn um den Bauch herum. Auch leichte Streichmassagen am Steißbein von innen nach außen tun ihre Wirkung; noch mehr sogar, wenn Sie dies bei der Partnermassage wechselseitig ausführen.

In der Ehe einer meiner berühmten Kundinnen kriselte es. Sie beichtete mir, daß das Lebesleben zwischen ihr und ihrem Mann – einem populären Politiker – fast eingeschlafen sei. Auf meinen Rat hin, doch einmal die kombinierte Löffel-Öl-Farb-Massage einzusetzen, mußte sie erst ein wenig schmunzeln. Aber dann dachte sie, daß ein Versuch ja nicht schaden könne. Bewaffnet mit Löffeln, ätherischen Ölen und Farblicht, bot sie an einem Wochenende ihrem gestreßten und verspannten Mann eine Löffelmassage. Angenehme Wärme, zärtliches Streicheln und erotischer Duftmix weckten die seit langem schlummernden Liebes-geister …

Inzwischen ist die Aroma-Löffel-Massage längst zur Eros-Wunderwaffe vieler meiner Kundinnen geworden.

Lassen auch Sie sich von den Farben stimulieren, aber auch entspannen und beruhigen. Sie werden erleben, wie sich Ihr Wohlbefinden steigert.

Wunderwerke der Natur – Haut, Gewebe- und Lymphsystem

Die Haut schützt vor Kälte, Druck und Sonne

Schicht für Schicht – eine starke Leistung

Das neben der Leber vielseitigste Organ, die Haut, ist auch Bestandteil unseres Immunsystems. Die Haut kann gegen Krankheitserreger Abwehrstoffe produzieren. Nach neueren amerikanischen Studien der letzten Jahre spielt sie auch eine wichtige Rolle für die Reifung der T-Lymphozyten, die u. a. als Abwehrzellen in den Organismus eindringende Krankheitserreger und Krebszellen angreifen. Ein Querschnitt durch die Haut zeigt als ihre Hauptschichten Oberhaut, Lederhaut und Unterhaut.

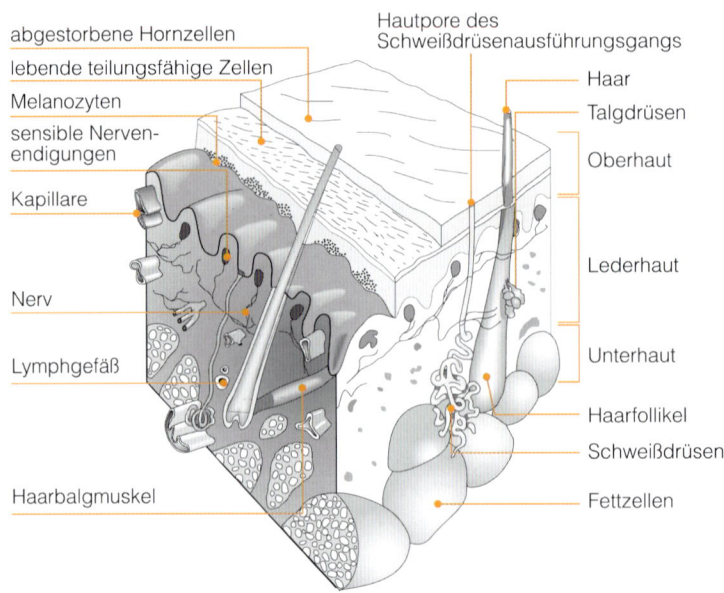

abgestorbene Hornzellen
lebende teilungsfähige Zellen
Melanozyten
sensible Nervenendigungen
Kapillare
Nerv
Lymphgefäß
Haarbalgmuskel

Hautpore des Schweißdrüsenausführungsgangs
Haar
Talgdrüsen
Oberhaut
Lederhaut
Unterhaut
Haarfollikel
Schweißdrüsen
Fettzellen

Aufbau der Haut

Oberhaut (Epidermis)

– Hornschicht (Stratum corneum): Schützt vor Wasserverlust, chemischen und physikalischen Einwirkungen und vor schädlicher kosmischer Strahlung.
– Körnerschicht (Stratum granulosum): Bildet die Hornsubstanzen.
– Stachelzellschicht (Stratum spinosum): Macht die Elastizität der Haut aus.
– Keimschicht (Stratum basale): Ort der Zellteilung

Lederhaut (Corium)

Die Lederhaut enthält Füll- und Kittsubstanzen aus kollagenen (leimgebenden) und elastischen Fasern und aus vielen Nervenfasern mit den spezischen Endorganen für Schmerz-, Temperatur-, Druck- und Berührungsempfinden. In der Lederhaut sind die Hautanhangsgebilde (Haare, Nägel) lokalisiert.
– Papillarschicht (Stratum papillare)
– Faserbündelschicht (Stratum reticulare)

Unterhautfettgewebe (Subcutis)
Hautanhangsgebilde (Adnex)
– Schweißdrüsen (Ekkrine)
– Duftdrüsen (Apokrine)
– Talgdrüsen (Glandula sebacea)
– Haare
– Nägel

Die Oberhaut – 0,5 bis 1,2 mm stark – besteht aus mehreren Epithelschichten und wird von der darunterliegenden Lederhaut versorgt. Die Zellteilung findet in der unteren Keimschicht der Oberhaut statt. Die neuen Zellen gelangen innerhalb von 30 Tagen zur Hautoberfläche. Auch die Pigmentkörperchen befinden sich hier. Ihre Zahl ist erblich festgelegt, und sie dienen der Hautfärbung und Bräunung bei UV-Bestrahlung.

Die Lederhaut ist die mittlere Schicht zwischen Ober- und Unterhaut. Ihr Bindegewebe und die elastischen Fasern bestimmen maßgeblich die Spannkraft und Struktur der Haut mit. Die mit Blutgefäßen versehenen Papillen der Lederhaut ragen in die Keimschicht der Oberhaut hinein und versorgen sie mit Blut. Das für jeden Menschen individuell typische Muster des Fingerabdruckes wird ebenfalls von ihnen gebildet.

Das in den Gefäßen der Lederhaut fließende Blut bestimmt die Hautfarbe mit. Sind die Blutgefäße weit oder eng gestellt, erröten oder erblassen wir.

Fettgewebe, das durch lockeres Bindegewebe mit Gewebsflüssigkeit in einzelne Bezirke aufgeteilt ist, bildet die Unterhaut. Die Spannkraft der Haut wird durch diese Flüssigkeit bestimmt. Sie nimmt im Alter ab, und die Haut wird schlaffer. Das sogenannte Speicherfett lagert sich bei einem Überangebot im Brust-, Rücken-, Bauch- und Oberschenkelbereich ein.

Die Hauttypen

Trockene Haut (Sebostase)
Sie ist gekennzeichnet durch:
– verminderte Talgproduktion
– verminderte Schweißabsonderung
– vermindertes Wasserbindungsvermögen.
Mit dem Wasserverlust kann die Haut ihre Barrierefunktion nicht mehr erfüllen, sie wird weniger elastisch und reagiert mit erhöhter Entzündungsbereitschaft.

Fettige Haut (Seborrhoe)
Man unterscheidet:
– die trockene Form (Seborrhoea sicca) mit Fettschuppen, roten Flecken, Spannungsgefühl
– die ölige Form (Seborrhoea oleosa) mit dick wirkender, grober und großporiger Haut, strähnigem, fettigem Haar und verstärkter Bildung von Mitessern (Komedonen).

Bestandteile dieser verschiedenen Hautschichten sind Drüsen, Haare und Nägel.

Die Schweißdrüsen sondern täglich etwa 0,5 bis 1 Liter Schweiß, aus dem Blut gefiltertes Wasser, Salze und Schlacken, ab, der zur Regulation der Körpertemperatur auf der Haut unsichtbar verdunstet.

Der Begriff »Mischhaut« wird heute kaum noch verwendet, weil er wenig aussagt. In der Regel sind bei den meisten Menschen im Gesicht trockene und fettige Hautpartien gleichzeitig anzutreffen, was mit der unterschiedlichen Verteilung der Talgdrüsen zusammenhängt: Im sogenannten T-Bereich – besonders entlang der Nasenflügel – sind sie sehr zahlreich angesiedelt, im Wangenbereich finden sich dagegen weitaus weniger Talgdrüsen. »Normale Haut« bezeichnet einen Idealzustand, in dem sich alle Hautfunktionen im völligen Gleichgewicht befinden. Dieses ist aber stark vom Alter und Stoffwechsel abhängig, so daß dieser Zustand ständig gefährdet ist und eigentlich nicht vorkommt.

Auch jahreszeitlich schwankt der Hauttyp: Im Winter ist die Haut trockener als im Sommer. Ebenso beeinflussen Hormone und der allgemeine Gesundheitszustand die Haut.

Vitamine – aber von außen – sind kosmetisch interessant, jedenfalls die Abkömmlinge des Vitamin A, die **Vitamin-A-Säure** (Tretinoin). Mediziner verwenden sie bei verschiedenen Hauterkrankungen.

Das **Vitamin E** (Tocopherol) bändigt die freien Radikale, das sind zellschädigende Substanzen, die die Zellen schneller altern lassen. Und ganz nebenbei wirkt Vitamin E als leichter UV-Filter.

Empfindliche Haut
Unabhängig vom Hauttyp weist die empfindliche Haut eine erhöhte Neigung zu gereizten Reaktionen auf Umwelteinflüsse auf (UV-Licht, chemische Substanzen, Streß u. a.). Sie bedarf daher einer besonderen individuellen Pflege, die ihrem jeweiligen momentanen Zustand angepaßt ist.

Funktionen der Haut

Jegliche Massage, und somit auch die Löffelmassage, setzt auf der sichtbaren Oberfläche der Haut an. Darunter – unserem Auge verborgen – liegen noch weitere Hautschichten, denn die menschliche Haut ist ein wahres Wunderwerk der Natur. Sie ist nicht nur schlechthin die Hülle des Körpers, sondern auch mit einer Fläche von ca. 1,6 bis 1,8 m^2 und etwa zwei Kilogramm Gewicht sein größtes Organ.

Die Aufgaben, die unsere Haut zu erfüllen hat, sind vielfältig: Sie bildet eine Barriere zwischen unserem Körper und der Umgebung, schützt ihn vor allen schädlichen Umwelteinflüssen und verhindert sein Austrocknen. Und sie reguliert die Körpertemperatur. Dafür sorgen die in sie eingelagerten Kältekörperchen. Diese registrieren den Temperaturunterschied zwischen der Hautoberfläche und der Umgebung und regulieren die Durchblutung und Schweißabsonderung und halten so die Körpertemperatur annähernd konstant.

So reguliert die Haut Temperaturen:
- durch Erweiterung der Blutgefäße bei Hitze
- durch Verengung der Blutgefäße bei Kälte
- durch die Abgabe von Verdunstungswärme

Neben dem Temperaturempfinden ist die Haut auch für das Tast- und Schmerzempfinden zuständig. Dafür sorgen die sogenannten Tastkörperchen, von denen sich etwa 100 in 1 cm^2 unbehaarter und ca. 25 in 1 cm^2 behaarter Haut befinden. Mit ihrer Hilfe erspüren wir Berührungen ebenso wie die Beschaffenheit der Umgebung. Sie sind es auch, die den bei einer Massage oder Akupressur ausgeübten Druck über die Nervenbahnen an das Gehirn weiterleiten.

Auch über die Haut scheiden wir Schlacke, die Endprodukte

der Stoffwechselprozesse, aus dem Körper aus – das geschieht mittels des Schweißes; bei gestörten Darm- oder Nierenfunktionen ist diese Ausscheidung unverhältnismäßig groß, ebenso bei Leberstörungen. Die Haut ist überfordert, weil sie die Ausscheidungsfunktion dieser Organe nicht völlig mitübernehmen kann, und signalisiert das mit Unreinheiten, Entzündungen oder Eiterungen. Aber auch andere Abwehr- und Schutzfunktionen obliegen der Haut. Aus den Absonderungen der Talg- und Schweißdrüsen wird eine Fett-Säure-Schutzschicht gebildet. Dieses saure Milieu wehrt angreifende Krankheitserreger ab.

Die Haut – ein Organ mit vielen Aufgaben
– Schützt vor Druck und Stößen, Chemikalien und physikalischen Einwirkungen
– regelt die Körpertemperaturregelung
– Sinnesorgan, das Berührungen jeglicher Art identifiziert
– scheidet über den Schweiß Schlacke aus
– Aufnahmeorgan
– Sekretionsorgan
– speichert Feuchtigkeit

Warum wir schwitzen

Erst bei größerer Hitze oder körperlicher Belastung werden – um die Körpertemperatur durch die Verdunstungskühle gleich zu halten – bis zu zwei Liter Schweiß pro Stunde sichtbar abgegeben. Der Mensch schwitzt. Wird dieser Schweiß durch Bakterien auf der Haut zersetzt, entsteht unangenehmer Schweißgeruch. Dem kann man vorbeugen, indem man nach dem Waschen für die Achselhöhlen einen alkohol- und parfümfreien Deoroller benutzt.

Der von den Duftdrüsen produzierte körpereigene Geruch hat mit dem oben beschriebenen Schweißgeruch nichts zu tun. Er wird auch nicht bewußt wahrgenommen, entscheidet aber meist mit darüber, ob man einen Menschen auf Anhieb »riechen« kann oder ihn unsympathisch findet. Die Duftdrüsen sind in den Achselhöhlen, dem Leisten- und dem Genitalbereich, an Brustwarzen und After lokalisiert. Sie sondern ein Sekret ab, das den typischen körpereigenen Geruch eines Menschen ausmacht.

Schon seit Jahrhunderten pflegten sich die Menschen mit duftenden Cremes und Ölen zu salben, um den eigenen Körperduft zu verbessern und auf andere Menschen angenehm zu wirken (s. Kapitel 1, Aroma-Öle)

Mehr als nur ein Anhängsel

Der Vollständigkeit halber seien hier auch noch die sogenannten Hautanhangsgebilde genannt: die Haare und Nägel.

Die Haare bedecken – außer an den Handflächen und Fußsohlen – unseren gesamten Körper, auch wenn sie an vielen Hautregionen so fein und hell sind, daß man sie kaum erkennen kann.

Zwar haben die Haare keine lebenswichtige Funktion für unsere Gesundheit mehr, aber da sie unser Erscheinungsbild prägen, beeinflussen sie auch unser psychisches Wohlbefinden. Das Haar besteht aus Keratinzellen, die sich langsam aus der Haut herausschieben. Zwei bis sechs Jahre lang wächst eine gesundes Haar täglich um 0,35 Millimeter. Dieser Wachstumsphase schließt sich eine Ruhephase von rund drei Monaten an. Danach fällt das Haar aus, und bald wächst an dieser Stelle ein neues nach. Der Mensch besitzt auf dem Kopf durchschnittlich 100 000 Haare, von denen er etwa 50 pro Tag verliert. Normal ist auch noch ein Verlust von etwa 100 Haaren am Tag.

Die Nägel – bestehend aus Hornmaterial (Keratin) – wachsen pro Tag bis zu 0,1 Millimeter aus dem Nagelbett heraus. Dabei wachsen die Fingernägel schneller als die Zehennägel. Wetter, Nässe, Kälte oder Chemikalien setzen ihnen zu oder führen zu Verletzungen. Eine Reihe von Allgemeinerkrankungen können ihr Wachstum verzögern oder sie verdünnen, verformen und verfärben. Ein guter Allgemeinzustand, die richtige Ernährung und Pflege sind die Garanten für gesunde und schöne Fingernägel.

Die Haut vergißt nichts

Pflanzen, Tiere und Menschen haben sich im Laufe der Evolution an die Sonnenstrahlung angepaßt, und sie ist für unser Leben unverzichtbar. Licht ist Teil des elektromagnetischen Spektrums und besteht aus einem längerwelligen Infrarotanteil (IR) und kurzwelligerem Ultraviolett (UV). Das UV-Licht teilt man nach seiner biologischen Wirkung in:

	Wellenlänge	Wirkung bei übermäßigem Sonnenbad
UV A	315–380 nm	verstärkt Sonnenbrand, dringt bis in die lebende Epidermis vor, schädigt Zellmembran, führt zur Lichtalterung (Photoaging) der Haut
UV B	280–315 nm	löst Sonnenbrand aus; fördert Lichtalterung, Tumorbildung
UV C	280 nm	erreicht bei intakter Ozonschicht nicht die Erde, wird nur von einigen künstlichen UV-Strahlern abgegeben, schädigt die Erbsubstanz

Die Eigenschutzzeit der Haut ist relativ gering und jegliche UV-Belastung darüber hinaus führt zu Schäden:

Eigenschutzzeiten bei sonnengewohnter Haut in Mitteleuropa
(Mitte Juni, 12 Uhr mittags; nach W. Raab)

Pigmentierungstyp	Eigenschutzzeit	vorzeitige Hautalterung
I	5–10 min	2-7 min
II	10–20 min	7–14 min
III	20–30 min	14–20 min
IV	30–45 min	20–30 min

Auch vor der schädigenden UV-B-Strahlung der Sonne bietet die Haut erst einmal Schutz, indem sie mit Verdickung und vermehrter Farbstoffbildung reagiert. Diese Bräunung filtert die Strahlen der Sonne und bewahrt das tiefer gelegene Gewebe vor Schäden.

Setzt man sich aber zu lange und zu intensiv der Sonnenbestrahlung aus, führt das zu einem Sonnenbrand: Die Haut rötet sich, wird heiß und empfindlich, kann anschwellen und – bei starkem Sonnenbrand – Blasen bilden. Häufiger Sonnenbrand oder regelmäßige ausgedehnte Sonnenbäder lassen die Haut schneller altern und erhöhen die Gefahr, Hautkrebs auszubilden. Mediziner warnen schon seit langem: Unsere Haut hat ein Elefantengedächtnis. Selbst der kleinste Sonnenbrand wird registriert und läßt die Haut schneller altern. Daher sollte man exzessives Sonnenbaden vermeiden, ein Sonnenschutzmittel mit einem starken Lichtschutzfaktor benutzen und nur eine langsame Bräunung anstreben. Diese hält besser, ist gleichmäßiger und belastet die Haut weniger. Doch auch ein Sonnenschutzmittel sollte Sie nicht zu stundenlangen Sonnenbädern verführen, denn wir vertragen unbeschadet täglich nur eine bestimmte Menge an UV-Licht, und die Jugendsünden einer UV-Licht-Überdosierung rächen sich – wie gesagt – im Alter von 40 bis 50 Jahren, denn die Haut vergißt nichts. Die einmal geschädigte Erbsubstanz der Zellen und die dadurch entstandenen Defekte sind irreparabel. Vorbeugen ist also in jedem Fall besser als »verbrennen«. »Safer Sun« ist trendy, flirten Sie also niemals ohne Schutz und nicht zu lange mit dem heißen Stern. Sonst altert die Haut vorzeitig, wird faltig, runzlig und trocken. Wählen Sie immer ein Sonnenschutzmittel, das gegen UVA- und UVB-Strahlung

MEIN TIP

Legen Sie nach dem etwa zehnminütigen Bestreichen der sonnenbrandgeröteten Partien für eine halbe Stunde eine in Buttermilch getränkte Gaze wie eine Art Maske auf die irritierten Stellen. Dies zieht die Hitze aus der Haut. Damit konnte ich schon so manches Model bei Fotoaufnahmen in der Karibik davor bewahren, als »Hummer« vor die Kamera treten zu müssen.

schützt. Der Lichtschutzfaktor sollte zwischen 12 und 15 liegen.

Ist es doch einmal zu einem leichten Sonnenbrand gekommen, kann auch hier die Löffelmassage Linderung bringen. Dazu werden je nach Körperregion Tee- oder Eßlöffel verwendet, die zuvor im Kühlschrank (nicht im Gefrierfach) gekühlt wurden. Danach tauchen Sie die Löffel in kalte Buttermilch und streichen mit leicht wippenden Bewegungen der Löffelrückseite über die irritierten Hautpartien.

Bänder, Sehnen und Muskeln

Die Grundgewebe

In unserem Organismus gibt es viele Körperzellen gleicher Bauart, die auch die gleiche Aufgabe haben. Sie sind in sogenannten Zellverbänden zusammengeschlossen, den Geweben.

Aus mehreren Geweben bestehende Körperteile, die jeweils an deren Grundfunktionen beteiligt sind, sind die Organe – wie z. B. die Haut, die Gefäße, die inneren Organe u. a.

Bei den Geweben unterscheidet man vier Grundgewebe:
– das Epithel- oder Deckgewebe
– das Binde- und Stützgewebe
– das Muskelgewebe
– das Nervengewebe.

Elastizität und Stärke des Binde- und Muskelgewebes sind verantwortlich für unser Aussehen. Schwache Bänder, Sehnen und Muskel lassen auch die entsprechenden Hautpartien hängen. Das Ergebnis sind dann schlaffe Brüste, Wangenpartien, die nach unten »rutschen«, ein Doppelkinn oder wabbelnde Oberarme. Gymnastische Übungen, ausreichende Bewegung und Massagen erhalten dagegen die Elastizität der Gewebe und Muskeln.

Das Binde- und Stützgewebe

Wie es der Name schon anzeigt, hat es verbindende und stützende Aufgaben – so verbinden z. B. bindegewebige Bänder die Muskeln mit den Knochen und Gelenken. Charakteristisch für diese Gewebe sind die Interzellularsubstanzen, bei denen man Grundsubstanz und Faserstrukturen unterscheidet. Zu den letzteren zählen die kollagenen, die elastischen und die retikulären Fasern. Die Kollagenfasern bewirken die Zugfestigkeit und Quellbarkeit des Bindegewebes.

Man unterscheidet lockeres, faserarmes *Bindegewebe*, das wie ein Wasserspeicher und als Füllmaterial zwischen den Organen wirkt. Es verbindet alle Organe mit den Gefäßen und Nerven. Das straffe, faserreiche Bindegewebe ist von geflechtartigem Bau und baut die Sehnen und Bänder auf. Im retikulären Bindegewebe wird überschüssiges Fett als Energiereserve des Körpers gespeichert, das im Bedarfsfall dem Energiestoffwechsel wieder zugeführt wird. Ganz im Gegensatz zu dem sogenannten Baufett, das als Polster an wenig geschützten Organen – Augen, Nieren, Handteller, Fußsohlen – anliegt und keine Energiereserve darstellt.

Das feste *Knorpel- und Knochengewebe* stützt den ganzen Organismus und ermöglicht es uns, unsere Arme und Beine zu gebrauchen. Kalk- und Phosphoreinlagerungen sorgen für die besondere Zug- und Druckfestigkeit des Knochengewebes.

Das Muskelgewebe

Beim *Muskelgewebe* unterscheidet man glatte (Gesäß- und Eingeweidemuskulatur) und quergestreifte (z. B. Skelett- und Herzmuskulatur) Muskulatur.

Während die Sehnen der Skelettmuskulatur des Bewegungs-
apparates Ursprung und Ansatz an den Knochen haben und
durch Muskelkontraktion die Gelenke bewegen, ist bei den Ge-
sichtsmuskeln nur der Ursprung am Knochen und der Ansatz
in der Gesichtshaut. So ergibt sich aus ihrem Zusammenziehen
das Mienenspiel.

Das Lymphsystem – Entgiftung und Abwehr

Das Lymphsystem wirkt wie eine große Filterstation. Ähnlich
wie unser Blutkreislauf bildet es ein geschlossenes System in unserem Körper. Es besteht aus den Lymphkapillaren, feinen fin-
gerförmigen Ausläufern, die die Flüssigkeit aus dem
Gewebe aufnehmen, nachfolgenden Venen, die den
kleinen Venen des Blutgefäßsystems ähneln und
Klappen besitzen, die den Rückfluß der Flüssigkeit
verhindern, Lymphbahnen und -knoten. Für das
Fließen der Flüssigkeit – der Lymphe – sind zuständig: die Bewegungen der Skelettmuskulatur, die
Kontraktion der glatten Muskulatur in den inneren
Organen, der durch das Atmen entstehende Sog
und die glatte Muskulatur der Lymphgefäße selbst.

Gegliedert nach Regionen, sind in die Lymphbahnen die Lymphknoten eingebettet, deren Aufgabe es ist, die zugeführte Lymphe und damit den
Körper zu entschlacken und zu entgiften.

Diejenigen Lymphknoten, zu denen ein bestimm-
tes »Einflußgebiet« gehört, heißen regionäre Lymphknoten. Bei Entzündungen dieses Bereiches schwellen sie an und bieten so eine gute Grundlage für die
ärztliche Diagnose.

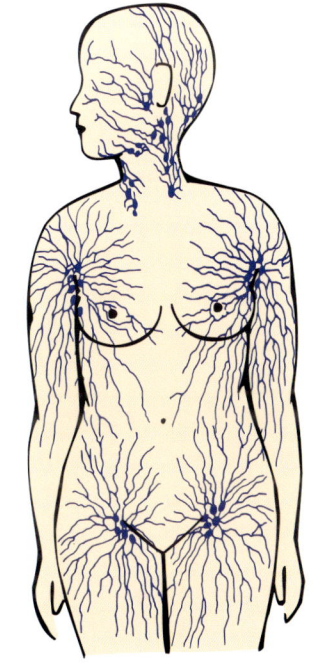

*Das Bild zeigt unser
Lymphsystem*

Die Lymphflüssigkeit passiert auf ihrem Weg durch das Lymphsystem häufig nicht nur einen, sondern mehrere »Lymphknotenstationen«, in denen die Flüssigkeit gereinigt und Fremdkörper und Bakterien beseitigt werden.

Lästige Lymphstauungen im Gewebe entstehen immer dann, wenn aufgrund einer Organschwäche, bei Verletzungen der Lymphbahnen oder einfach durch Bewegungsmangel die Lymphflüssigkeit nicht mehr ausreichend transportiert wird.

Hier nun setzt die Massage an: Durch den sanften Druck der Streichmassage – die sogenannte Lymphdrainage oder Löffelmassage – auf das Lymphsystem wird der Lymphfluß angeregt und das Gewebe entstaut. Der Abtransport der Lymphe wird auf diese Weise beschleunigt, das Gewebe wird entgiftet und die Abwehrfähigkeit unseres Körpers in Schwung gebracht.

Die Löffelmassage eignet sich für Laien besonders gut für eine Lymphdrainage, da der über die Löffelrückseite vermittelte Druck geringer und wohldosierter ausfällt als bei einer herkömmlichen Massage, zumal wenn sie von ungeübter Hand ausgeführt wird.

Schön und fit löffeln –
Die Übungen

Weg mit den Falten

Wenn aus Fältchen Falten werden

Wie bereits beschrieben, besteht unsere Haut aus mehreren Schichten. Die Oberhaut – Epidermis – ist an den verschiedenen Stellen des Gesichtes unterschiedlich stark:

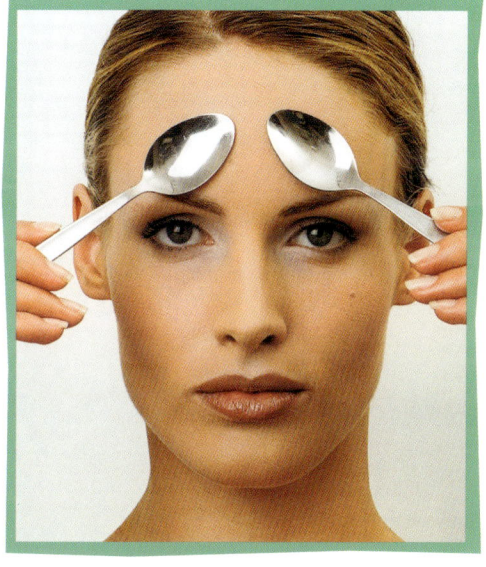

Stirn	dick
Lider	sehr dünn
Wangen	dick
Nasenrücken	dünn
Nasenspitze	dick
Nasenumgebung	dick

Diese verschiedenen Hautstärken bestimmen auch das Erscheinungsbild der sich im Laufe unseres Lebens herausbildenden Falten. Zarte Knitterfältchen entstehen an den dünnen, tiefe Furchen an den dicken Hautarealen. Sie sind die Zeichen des Alterungsprozesses unserer Haut. Aber es sind nicht nur die gelebten Jahre schlechthin, die die Haut altern lassen. Mangelnde oder falsche Hautpflege, schlechte und unausgewogene Ernährung, zuwenig Schlaf, Zigarettenrauch und Alkohol, zu viele und zu ausgedehnte Sonnenbäder – alle diese Faktoren tragen zu einer vorzeitigen Hautalterung mit vielen Falten bei. Andererseits kann frau/man mit der richtigen Hautpflege, gesunder Ernährung, ausreichenden Erholungsphasen und vernünftigem Umgang mit Genußmitteln und UV-

Licht ihrer/seiner Haut lange ein frisches Aussehen bewahren. Sanfte Massagen wie die Löffelmassage unterstützen mit sichtbaren Effekten die pflegenden Maßnahmen.

Gekühlter Zorn

Wer dazu neigt, seine Augenbrauen im Ärger stets zusammenzuziehen, wird früher oder später die schönsten Zornesfalten entwickeln, jene Linien, die senkrecht zwischen den Brauen verlaufen. Sie können zwar im Gesicht eines gereiften Mannes markante Zeichen setzen, aber auf der Stirn einer Frau sehen sie einfach nur »alt« aus. Also wehren Sie den Anfängen, halten Ihre Augenbrauen weitestgehend im Zaum und »löffeln« sich entstehende Falten einfach weg. Beginnen Sie mit diesen Übungen nicht erst, wenn bereits viele Falten sichtbar sind, sondern beugen Sie einer vorzeitigen, tiefen Faltenbildung vor.

Und so wird es gemacht:

Tauchen Sie einen Teelöffel – oder einen Mokkalöffel – in kaltes Wasser, einen zweiten legen Sie in warmes Wasser. Dann tupfen Sie den Kaltwasserlöffel kurz ab und bestreichen ihn dünn mit einer Antifaltencreme. Sie können statt ihrer auch ein Antifaltenserum, eine Ampulle oder eine Ölmischung verwenden. Den so präparierten Löffel legen Sie an die Nasenwurzel (Bild 1) und lassen ihn dort etwa sechs Sekunden verharren, wobei Sie diese Stelle mehrmals punktuell anpressen. Anschließend führen Sie den Löffel senkrecht nach oben zur Stirn. Ebenso verfahren Sie mit dem angewärmten Löffel – auflegen, verharren und zur Stirn führen. Wiederholen Sie die Übung dreimal, immer im Wechsel von kalt und warm – sozusagen als Wechselbäder für die Schön-

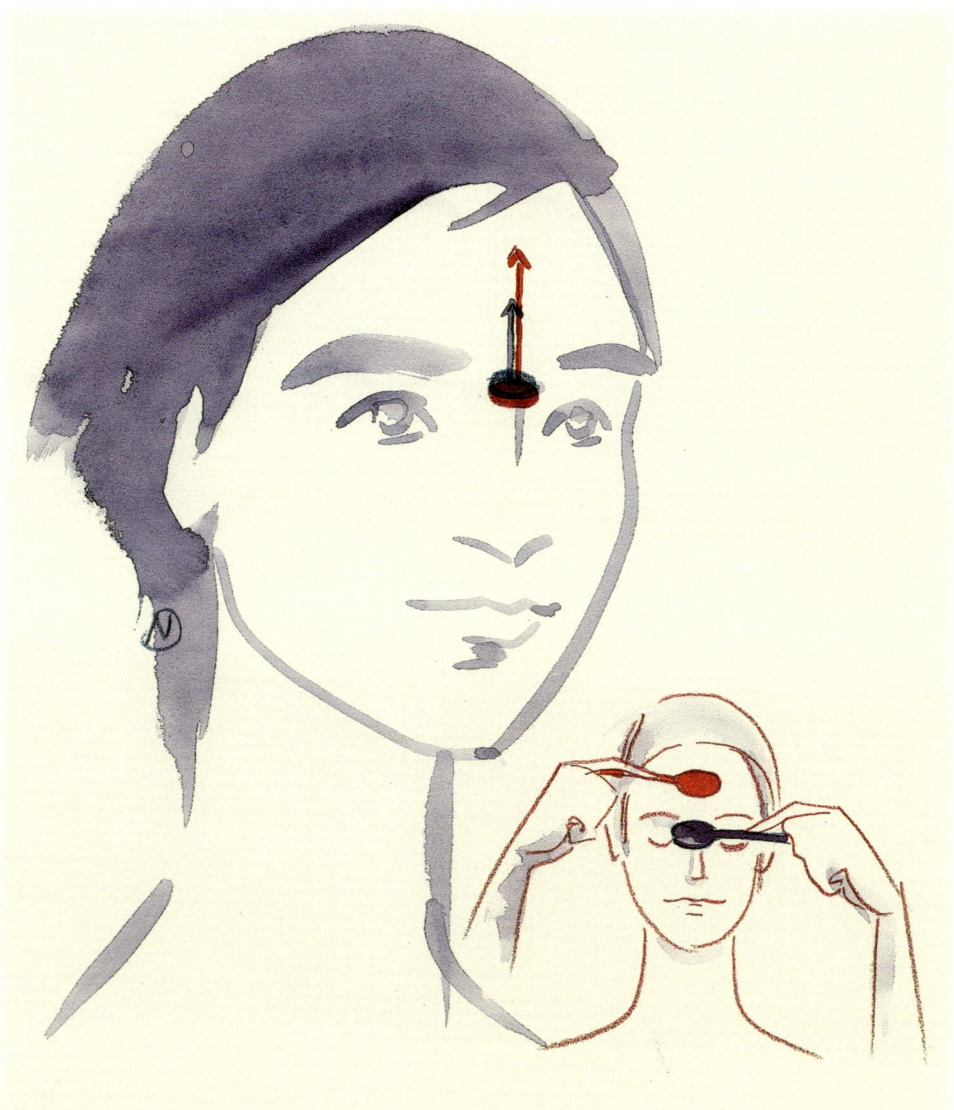

Bild 1. Den kalten Löffel an der Nasenwurzel anlegen und dort sechs Sekunden verharren lassen. Dann langsam zur Stirn führen. Der angewärmte Löffel folgt langsam nach, dann wieder der gekühlte Löffel usw. Jede Übung dreimal ausführen.

Bei ausgeprägten Zornesfalten rate ich zusätzlich zum Anti-Falten-Pflaster, das, über Nacht aufgeklebt, diese Region ruhigstellt. Denn oft handelt es sich bei diesen Falten um eine schlechte mimische Angewohnheit.

MEIN TIP

heit. Während Sie mit dem warmen Löffel arbeiten, kann der kalte erneut im Wasserbad abkühlen, und umgekehrt, wenn Sie mit dem kalten Löffel beschäftigt sind, erwärmen Sie den anderen.

Dieses einfache, aber wirkungsvolle Verfahren muß, um Erfolg zu haben, regelmäßig angewandt werden, am besten täglich. Nur so lassen sich die Falten nach und nach milder »bügeln«.

Eine meiner Lieblingskundinnen, eine bekannte Schauspielerin und Sängerin litt extrem unter ihrem Zornesfaltenproblem. Trotz mehrmaliger Unterspritzungen mit Kollagen, was diese Linien immer nur kurzzeitig aufpolsterte, bildete sich in Streßsituationen – wie z. B. beim Rollenlernen – eine steile Falte zwischen den Augenbrauen. Auf das Problem angesprochen, habe ich mit ihr zusammen die Löffel-Massage geübt und ihr die Handhabung des Anti-Falten-Pflasters demonstriert. Seitdem löffelt sie vor dem Rollenlesen und klebt für die Zeit des Lernens das hautfarbene Pflaster auf die kritische Partie. Das Zusammenziehen der Augenbrauen wird dadurch unterbunden, und so nach und nach hat sie sich diese unschöneMimik abgewöhnt. Wenn ich sie jetzt mit strahlendem Blick auf dem Bildschirm sehe, muß ich lächeln. Denn ich kenne ihr kleines Geheimnis.

Falten zieren des Denkers Stirn ...

Kontrollieren Sie einmal Ihre Mimik: Ziehen Sie beim Erstaunen stets die Augenbrauen in die Höhe? Runzeln Sie oft mißmutig die Stirn? Das sollten Sie ab sofort vermeiden, denn sonst »zieren« bald tiefe Furchen Ihre Stirn.

Diese quer verlaufenden Stirnfalten, im Volksmund ironisch Denkerfalten geheißen, lassen sich vielleicht auch mit einer Ponyfrisur abdecken. Aber schon beim leisesten Windhauch werden die Ponyfransen verweht; und außerdem: Nicht jede Frau will – oder kann – einen Pony tragen.

Abhilfe schaffen kann auch hier die Löffelmassage:

Sie benötigen wieder zwei Teelöffel, die Sie in warmem Wasser erwärmen, danach trockentupfen und entweder mit Antifaltencreme, Antifaltenserum, dem Inhalt einer Antifalten-Ampulle oder einer Ölmischung bestreichen. Die so vorbereiteten Löffel legen Sie an der Mitte der Stirn an und streichen sie – den einen nach rechts, den anderen nach links – leicht wippend, zickzackförmig zu den Schläfen hin aus (Bild 2). Lassen Sie die Löffel an den Schläfen sechs Sekunden mit sanftem Druck verharren. Diese Übung zweimal wiederholen.

Aber damit ist die Übung noch nicht beendet (Bild 2): Legen Sie den Löffel, den Sie in der rechten Hand halten, auf die linke Schläfe, lassen ihn dort kreisen und streichen anschließend mit ihm über die Stirn bis zur rechten Schläfe. Dort den Löffel wieder dreimal kreisen lassen. Nun setzen Sie den Löffel, den Sie in der linken Hand halten, auf die rechte Schläfe, führen ihn dort kreisend auf der Stelle und streichen mit ihm über die Stirn bis zur linken Schläfe. Wieder auf der Stelle kreisen lassen. Die Übung dreimal ausführen.

Ein Vorteil der Löffelmassage liegt darin, daß durch die Löffel ein gleichmäßig zarter Druck auf die betreffenden Hautpartien ausgeübt wird. Sie können

MEIN TIP

Bei Verspannungen im Stirnbereich, wie Migräne, Kopfschmerzen oder Kopfdruck, hilft auch folgende Löffelmassage: gekühlte Eßlöffel mit einer Mischung aus Johanniskraut-Öl und Minz-Öl oder Zitronelle bzw. Bergamotte auf die Schläfen legen, leicht kreisen und drücken, sechs Sekunden anhalten, loslassen, kreisen, wieder in kaltes Wasser eintauchen, abtupfen, mit der Ölmischung bestreichen und die Übung wiederholen.

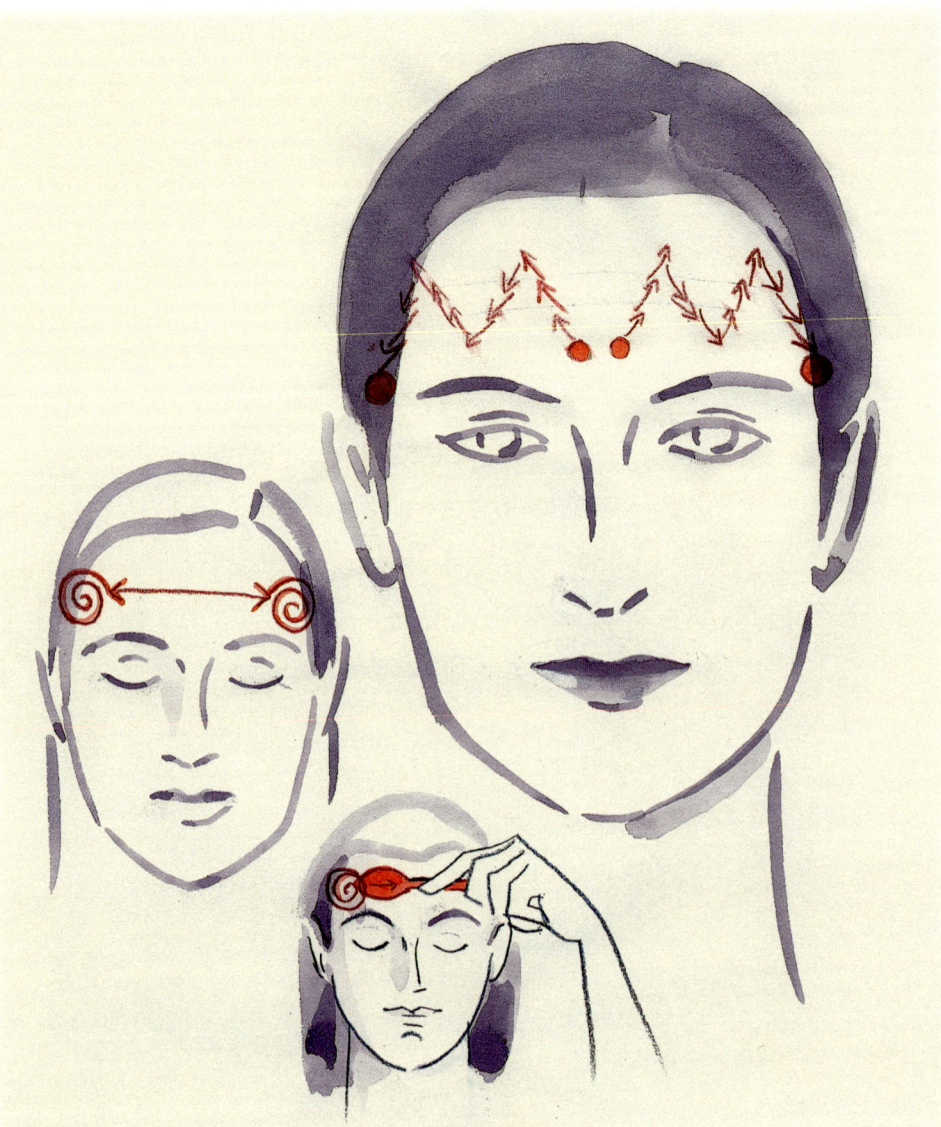

Bild 2. Löffel in der Stirnmitte anlegen und im Zickzack leicht wippend über die Falten zu den Schläfen streichen und unter sanftem Druck sechs Sekunden verharren. Danach den rechten Löffel kreisend von der linken zur rechten Schläfe führen und umgekehrt mit dem linken Löffel zur rechten Schläfe.

– anders als bei einer direkt mit den Händen ausgeübten Massage – den Druck kaum überdosieren. Das ist besonders wichtig für die empfindlichen Partien des Gesichts, wo ein starkes Drücken, Dehnen oder Zerren genau das Gegenteil des eigentlich gewünschten Effekts hervorrufen würde: Statt die Falten zu vermeiden oder zu mindern, würden Sie diese durch zu starken Druck erst entstehen lassen.

Strahlende Augen

Mit dem Kreisel gegen Krähenfüße und Falten

Müde blickende, von Krähenfüßen und Fältchen umrandete und verquollene Augen können einem beim morgendlichen Blick in den Spiegel die gute Laune verderben. Wer will schon so aussehen, als hätte er – oder sie – die ganze Nacht »durchgesumpft«, selbst wenn es so gewesen wäre?

Also beginnen wir wieder mit der Löffelmassage, um den Lymphfluß anzuregen und die Durchblutung der Haut zu fördern. Dieser Effekt läßt sich noch verstärken, wenn die Löffel zuvor mit gelbem oder orangefarbenem Licht bestrahlt wurden. Aber beachten Sie die Grundregeln aus dem ersten und zweiten Kapitel und vermeiden Sie jegliches Rubbeln, Reiben oder Zerren im Bereich der so empfindlichen Augenpartie. Das strapaziert nur die Haut und führt zu noch mehr Fältchen.

Wie Sie die Löffel ansetzen und führen müssen, verdeutlichen die nebenstehenden Zeichnungen. Die erste Übung wirkt – regelmäßig angewendet – gegen Augenfalten und Krähenfüße.

Und so wird es gemacht:

Erwärmen Sie zwei Teelöffel im Wasserbad, tupfen Sie diese auf Tissue, einem mullartigen Gewebe, oder besser noch auf einem Frotteehandtuch ab und bestreichen die Unterseiten der Löffel dünn mit einer Augencreme oder, bei geschwollenen Augenlidern, mit einem Antifalten-Augen-Gel. Wenn Sie besonders empfindliche Haut haben oder gar Allergiker sind, achten Sie darauf, daß Sie nur ein allergiegetestetes Produkt verwenden. Jetzt setzen Sie die Löffelchen am äußeren Augenwinkel über dem Jochbein (siehe zweites Kapitel) an, lassen sie dreimal kreisen und streichen mit leichtem Druck die Löffel zu den Schläfen in Richtung des Haaransatzes. An dieser Stelle verharren und dort dreimal mit den Löffeln sanft drücken (Bild 3). Diese Übung sollten Sie insgesamt dreimal ausführen. Denken Sie daran, zwischen den Übungen die Teelöffel wieder neu zu erwärmen und zu präparieren.

MEIN TIP

Praktisch, um diese Partien schnell wieder zu erfrischen, ist der Skin Revitalizer, der wie ein kleiner Deo-Roller aussieht und sehr schnell die trockene Region um die Augen herum befeuchtet. Da dieser Augenroller fettfrei ist, kann er auch über das Make-up bzw. im Auto oder Flugzeug zwischendurch aufgerollt werden.

Wichtig: Auch hier wird die Löffelung mit gekühlten Löffeln beendet, d. h. dreimal mit erwärmten Löffeln die Augenfältchen bearbeiten, einmal mit gekühlten Löffeln zum Abschluß.

Auch wenn Sie beruflich sehr eingespannt sind und am Ende eines langen Tages müde blicken, können Sie mit dieser Löffelmassage die Müdigkeit aus Ihren Blicken vertreiben und wieder mit wachen, klaren Augen in den Abend schauen. Dabei ist es unerheblich, an welchem Ort Sie sich gerade befinden, um diese Übung auszuführen. Ich habe zum Beispiel unter den Besucherinnen meines Cosmetic & Camouflage Centrums in Berlin auch einige Managerinnen, denen ich die Löffelmassage gezeigt

Bild 3. Die Löffel am äußeren Augenwinkel über dem Jochbein anlegen und kreisen lassen. Weiter zu den Schläfen in Richtung Haaransatz ausstreichen und dort dreimal drücken. Dreimal ausführen.

habe. Eine von Ihnen, leitende Mitarbeiterin eines international tätigen Konzerns, gestand mir vor einiger Zeit, daß sie die Utensilien für eine kleine Löffelmassage auch im Büro verwahrt, um sich an den ganz lange währenden Arbeitstagen mit einer kurzen Massage der Augenpartie wieder zu erfrischen. Anschließend wird das Make-up erneuert – und mit neuem Elan geht es in den Abend und zum neuen Meeting.

Der Schmetterling

Natürlich kommen nicht nur Managerinnen zu mir, um Hilfe bei ihren kleinen und großen Schönheitsproblemen zu suchen. Es sind Frauen aus vielen Berufen, z. B. Schauspielerinnen, Models, Sekretärinnen, Verkäuferinnen, Maklerinnen u. a., aber auch nicht berufstätige Frauen. Jede von ihnen hat ihre ganz persönliche »Schwachstelle«, die sie mit Hilfe der Kosmetik zu kompensieren sucht. So auch Angela, Mitarbeiterin der Presseabteilung eines großen Verlages. Ihr Beruf erfordert neben der Sachkenntnis auch ein gepflegtes Äußeres. Ihr Problem ist eine angeborene Neigung zu sogenannten Tränensäcken – bei Frauen entstehen sie durch eine Ansammlung von Gewebeflüssigkeit unter den Augen. Angela konnte ich mit der Löffelmassage helfen, diese häßlichen Schwellungen zu beherrschen.

Wenn Sie Tränensäcken ebenfalls entgegenwirken wollen, empfehle ich Ihnen die folgende Übung (Bild 4):

Tauchen Sie zwei Teelöffel in zerstoßenes Eis, das Sie vorher in ein Glas gefüllt haben, tupfen diese kurz

MEIN TIP

Lassen Sie die gekühlten Löffel nach jeder Übung abschließend einige Sekunden auf der Schwellung liegen. Auch das Bestrahlen der Löffel mit der Farbe Gelb, die entlymphend und entschwellend wirkt, sowie mit der Farbe Blau, die bei geschwollenen und irritierten Augenlidern anzuraten ist, bringt zusätzliche Erfolge.

Bild 4. Löffel unter dem inneren Augenwinkel ansetzen und wippend
bis zu den Schläfen führen, dreimal drücken und zu den Ohren hin ausstreichen.
Sechs Sekunden unter leichtem Druck stehenlassen.

ab und bestreichen sie mit einem Augen-Gel. Setzen Sie nun die Löffel unter die inneren Augenwinkel rechts und links des Nasenbeins an und führen sie – mit leicht wippenden Bewegungen – über die geschwollenen Partien bis zu den Schläfen. Dort verharren, dreimal drücken und in Richtung Ohren ausstreichen. An dieser Stelle unter sanftem Druck wieder ruhen und bis sechs zählen. Ende der Übung. Auch diese Massageübung dreimal wiederholen.

Augentrost

Nicht immer ist das Erscheinungsbild nach dem Korrigieren der Augenbrauen mit einer Pinzette sofort perfekt. Wer besonders empfindliche Haut hat, sieht zuerst eventuell etwas gerötet oder verquollen aus. So geht es auch Miriam, einem jungen Model. Ihre Haut braucht nach dem Augenbrauenzupfen eine längere Erholungsphase, um nach der mechanischen Beanspruhung abzuschwellen. Miriam unterstützt dies neuerdings mit einer Löffelmassage der Augenregion, was übrigens auch bei Schlupflidern, geschwollenen Oberlidern oder einer geröteten Oberaugenpartie hilft. Ein Versuch lohnt sich (Bild 5):

MEIN TIP

Auf besonders geröteten oder geschwollenen Stellen verweilen Sie mit den Löffelchen etwas länger oder drücken diese sogar leicht an. Auch vorheriges Bestrahlen der Löffel mit Licht unter blauer Folie lindert die Schwellungen.

Tauchen Sie zwei Mokkalöffel in kaltes Wasser, tupfen sie ab und bestreichen sie mit einem Augenpflege-Gel. Dann legen Sie die Löffelchen am Ansatz der Augenbrauen – neben der Nase – an und streichen sie leicht wippend über die Augenbrauen und das Brauenende bis zu den Schläfen hin aus. An den Schläfen dreimal mit den Löffeln aufdrücken. Diese Übung dreimal ausführen.

Bild 5. Am Augenbrauenansatz die Löffel anlegen und wippend über die Brauen bis zu den Schläfen streichen; dort dreimal drücken.

Lassen Sie die Mundwinkel nicht hängen

Das »O«

Die »dicke« Haut in der Umgebung der Nase weist mit zunehmendem Alter mehr Falten auf, die sogenannten Nasolabialfalten und die Nasenquerfalten. Um sie nicht zu vertiefen, sollten Sie nicht permanent verächtlich dreinschauen. Das senkt die Mundwinkel und zieht die tiefen Furchen von der Nase zum Mund. Das häufige Naserümpfen führt zu Querfalten und aufgeblähten Nasenlöchern. Halten Sie also Ihre Mimik unter Kontrolle, damit Sie nicht älter wirken, als Sie sind.

Und versuchen Sie es mit der folgenden Übung gegen aufkommende Nasolabialfalten:

Tauchen Sie zwei Teelöffel in warmes Wasser, tupfen sie kurz ab und bestreichen sie mit einem Antifaltenserum oder einer Ölmischung. Bringen Sie Ihren geöffneten Mund in »O«-Stellung, so daß über den Lippen keine Kräuselfältchen entstehen, legen die Löffel rechts und links der Nasenflügel an und lassen sie dort kreisen. Führen Sie die Löffel leicht wippend abwärts zu den Mundwinkeln, und lassen Sie diese hier wiederum kreisen. Dann geht es, erneut leicht wippend, wieder zurück zu den Nasenflügeln. Hier ebenfalls kreisen. Jetzt können Sie das »O« loslassen, durchatmen – und die Übung dreimal wiederholen (Bild 6).

Auch das »Aufblasen« der Wangen bei geschlossenem Mund und mittelstarkes Klopfen (wie Trommeln) mit den Löffelrückseiten auf die Nasolabialfalten kräftigt die Muskeln und verbessert die Durchblutung. Dabei bis 10 zählen, und danach wie beim entspannten Gähnen ausatmen. Auch diese Übung mehrmals wiederholen.

Regelmäßig angewandt, werden diese Übungen Ihnen helfen, die sich anbahnenden Nasolabialfalten erfolgreich zu verhindern. Dieses gelang auch jener meiner Kundinnen, die als erfolgreiche Assistentin ihres Chefs vor dem nächsten Schritt auf der Karriereleiter stand und sich – im Alter von 32 Jahren – um ihr Aussehen sorgte. Beruflicher Dauerstreß und fehlende Ruhe- und Entspannungspausen zeichneten sich auf ihrem Gesicht ab. Um als junge Frau in der männlich dominierten Arbeitswelt akzeptiert zu werden, wozu sie bestens qualifiziert ist, hatte sie sich einen »ernsthaften« Gesichtsausdruck angewöhnt, der langsam auch ihr Gesicht prägte. In langen Gesprächen während der kosmetischen Behandlung versuchte ich ihr klarzumachen, daß auch ein fröhlich und freundlich blickender Mensch ernsthaft arbeiten und von den Mitarbeitern und Kollegen respektiert werden kann. Die fröhliche Ausstrahlung entkrampft die Mimik, dauerndes Stirnrunzeln entfällt, und das Gesicht bleibt länger faltenfrei. Meiner jungen Kundin habe ich empfohlen, die oben beschriebene Massage-Übung mit einem Gemisch aus Jojoba-Öl als Basisöl und Oran-

MEIN TIP

Wenn Sie bei dieser Übung die Rückseite der Teelöffel für die Anti-Falten-Stimulation mit etwas Honig bestreichen, entsteht zwischen der Haut und dem Löffel ein Adhäsionseffekt, d. h., die Haut um die Nasolabialfalte wird durch den Honig mit dem Löffel angehoben und »schnalzt« dann immer wieder sanft zurück. Zusätzlich wird die Haut durch den Bienennektar gut durchblutet und gestrafft. Wer nicht auf seine Figur zu achten braucht, darf ohne weiteres auch ein Löffelchen Honig einnehmen, um sich die Löffelei zu versüßen. Übrigens, dieses Löffel-Pattern mit Honig eignet sich ebenfalls hervorragend gegen blasse, schlecht durchblutete, trockene und aufgesprungene Lippen.

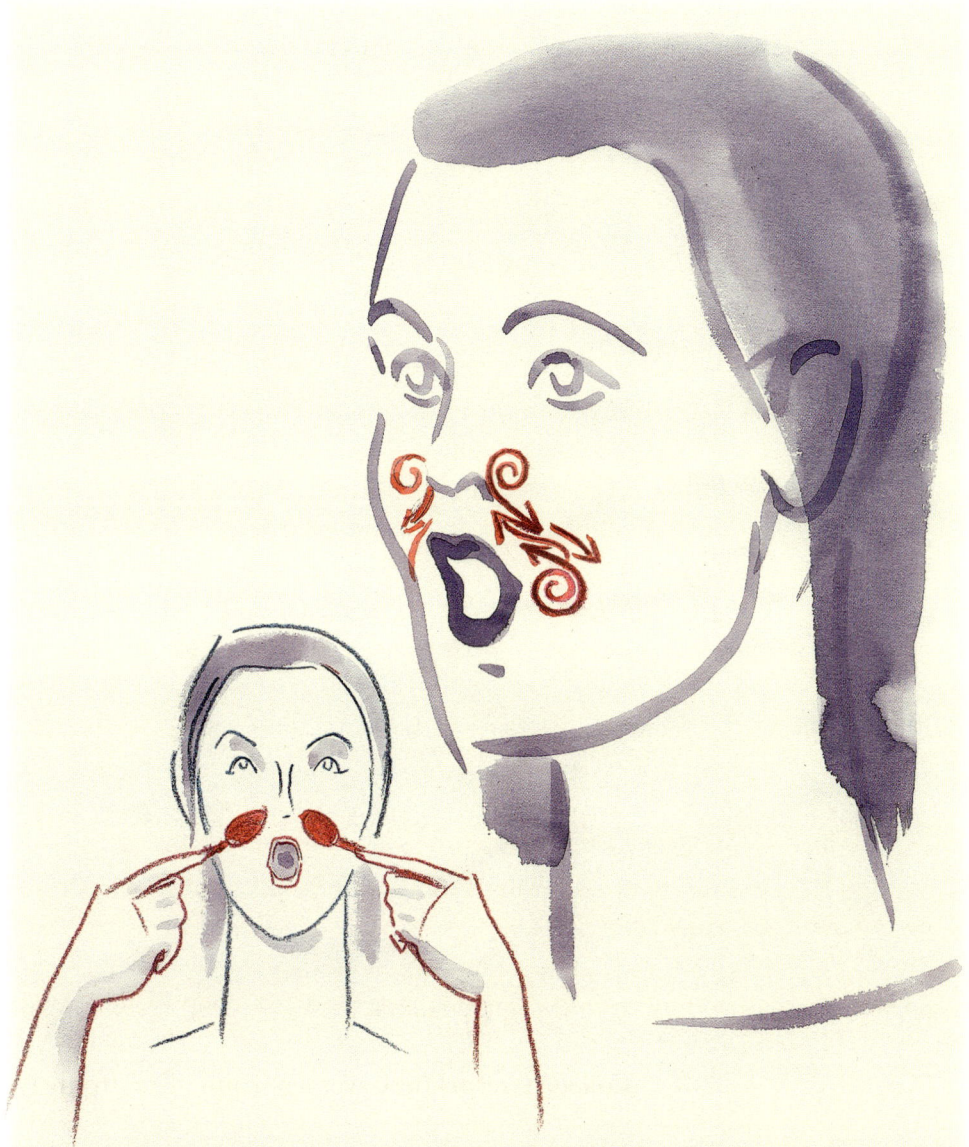

Bild 6. Löffel beiderseits der Nasenflügel anlegen, Mund zum »O« formen und Löffel kreisen lassen und wippend zu den Mundwinkeln führen. Dort auf der Stelle kreisen und zurück zu den Nasenflügeln. Erneut kreisen.

gen-Öl im Verhältnis 9 : 1 auszuführen. Das wirkt nicht nur harmonisierend und ausgleichend auf die Haut, sondern auch auf das Nervensystem und hilft, den täglichen Streß besser zu verarbeiten. Orangen-Öl macht fröhlich und läßt das Herz lächeln.

Gegen die Plisseefältchen am Mund

Ein störendes Problem sind die sogenannten Plisseefältchen am Mund. Sie entstehen mit der Zeit durch den Feuchtigkeitsverlust der Haut, können aber durch eine dauerhaft ausgewogene Ernährung (siehe Seite 153 ff.), durch die richtige Hautpflege und Gesichtsgymnastik und -massage vermieden werden. Vorausgesetzt, Sie fangen rechtzeitig damit an und warten nicht, bis sich Ihre Oberlippe in Kräuselfalten gelegt hat. Dann lassen sich diese nur noch mildern – mittels Massage, Skin-Recurfacing oder Laserbehandlung.

Auch hier gilt wieder: Die richtige Mimik beugt Fältchen und Falten vor. Also spitzen Sie nicht ständig den Mund zum »Schnütchen«. Das früher als schön empfundene »vornehme Mündchen« ist sowieso nicht mehr »in«. Denken Sie nur an den großen, lachenden Mund von Julia Roberts, mit dem sie alle Welt bezaubert.

Übrigens sind Raucherinnen besonders für Plisseefältchen anfällig. Zum einen wegen der Mundstellung beim Inhalieren und zum anderen wegen der für die Haut so schädlichen Inhaltsstoffe des Zigarettenrauchs. Rauchen läßt die Haut schneller altern, da durch Teer und Nikotin sogenannte Freie Radikale freigesetzt werden, für deren Neutralisierung mehr Vitamine, Mineralstoffe und Spurenelemente benötigt werden als bei Nichtrauchern. So »verbraucht« ein Raucher z. B. viermal mehr Vitamin C als ein Nichtraucher.

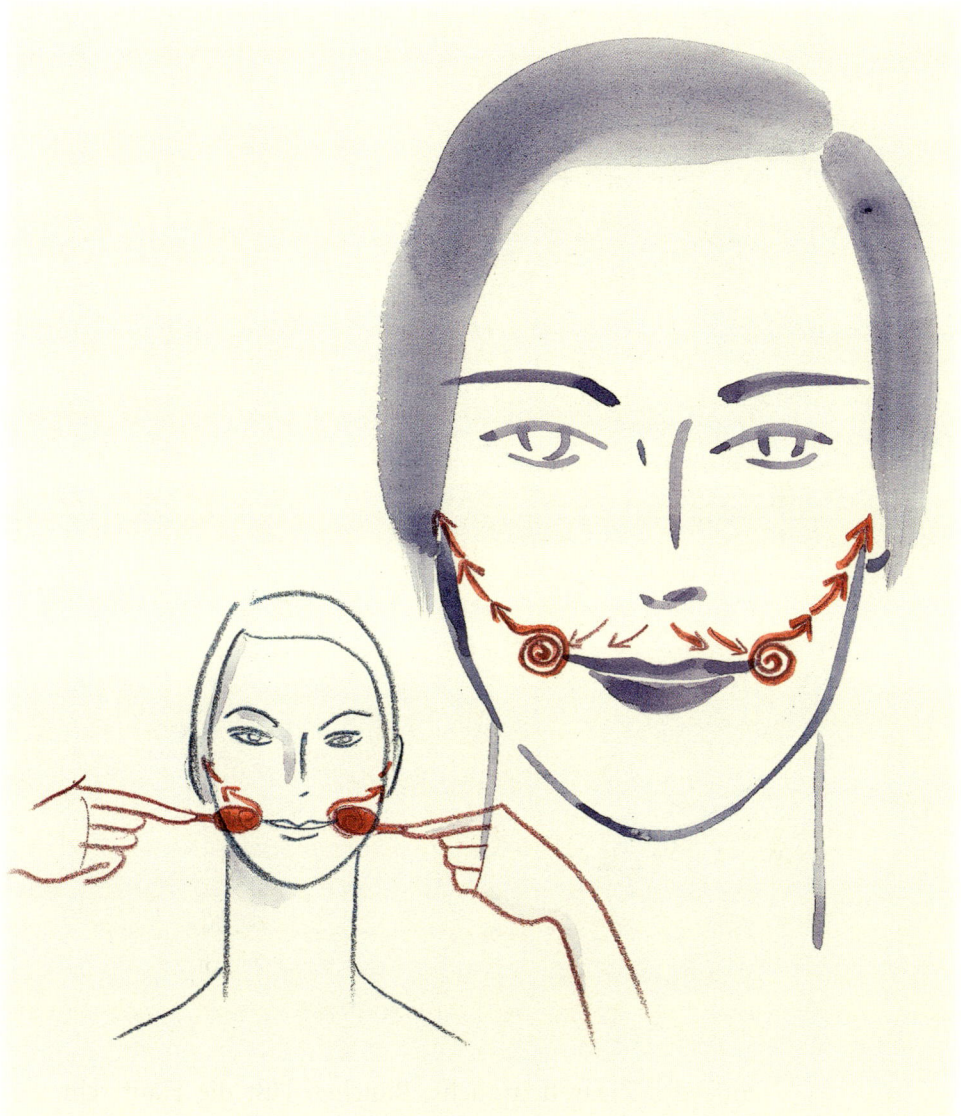

*Bild 7. Löffel waagerecht über dem Lippenherz ansetzen, Mund zu einem »E« formen
und mit den Löffeln halbkreisförmig über den Lippenrand zu den Mundwinkeln fahren.
Kreisen, »E« verstärken und wippend zu den Ohrläppchen ausstreichen.*

Und hier nun die Übung:

Sie nehmen zwei Teelöffel, erwärmen diese im Wasserbad und tupfen sie trocken. Dann tauchen Sie die Löffel entweder in Collagencreme, ein Antifaltenserum aus der Ampulle oder in eine Ölmischungaus Weizenkeim-Öl und einem Tropfen Neroli-Öl ein. Dies zwar edel und teuer, fördert aber die Bildung neuer Hautzellen und ist somit ein natürliches Mittel zur Hautverjüngung.

So präpariert, werden nun beide Löffel waagerecht über dem Lippenherz angesetzt. Den Mund halten Sie dabei leicht geöffnet in E-Stellung und bewegen die Löffel halbkreisförmig über den Lippenrand zu den Mundwinkeln (Bild 7). An den Mundwinkeln die Löffel kreisen lassen. Jetzt verstärken Sie die E-Stellung des Mundes zu einem Breiten »E« und streichen, mit den Löffeln, die Sie nun drehen und senkrecht halten, leicht wippend, diese in Richtung der Ohrläppchen aus – so als wollten Sie die Mundwinkel mit den Löffeln nach oben ziehen. Vor den Ohrläppchen halten Sie kurz inne, drücken dreimal, streichen unter den Ohrläppchen nach hinten, an der Ohrmuschel nach oben aus. Wie gewohnt, wird auch diese Übung zweimal wiederholt.

Bei spröden Lippen streichen Sie mit den beiden gut geölten Löffeln nebeneinander von links nach rechts und wieder zurück, als ob Sie diese eincremen würden.
Bei Lippenherpes hat sich die Löffelmassage ebenfalls gut bewährt, indem man einen gekühlten Mokkalöffel mit Teebaum-Öl beträufelt und sanft auf dem Herpesblaschen kreisen läßt. Den Löffel danach sofort mit Alkohol desinfizieren und abwaschen.

MEIN TIP

So heben Sie die Wangen

Wenn die Spannkraft der Wangenmuskeln nachläßt, senken sich die Wangen birnenförmig nach unten, und das Gesicht wirkt müde und alt. Sie können dieser Entwicklung rechtzeitig mit

Bild 8. Löffel senkrecht beidseits neben dem Kinn anlegen. Kreisen, Mund zum »E« formen und Löffel am Gesichtsrand entlang wippend zu den Ohrläppchen führen. Dreimal dort fest nach oben drücken.

geeigneten gymnastischen Übungen des Gesichtes und der Löffelmassage vorbeugen.

Welche guten Erfolge man damit erzielen kann, sehe ich immer wieder bei Irene S., einer treuen Stammkundin. Sie war vor ihrer Pensionierung Gymnasiallehrerin. Ein sicher schöner, aber auch anstrengender Beruf. Irene legte immer viel Wert auf ein gepflegtes Äußeres und eine gute Figur. Als ich sie zum erstenmal traf, war sie 45 Jahre alt – und sah aus wie 35. Nach dem Geheimnis ihres faltenlosen Aussehens befragt, verriet sie es mir: richtige Ernährung, regelmäßige Hautpflege und tägliche Gesichtsgymnastik. Vor einigen Jahren hat Irene auch die Löffelmassage in ihr Pflegeprogramm übernommen. Heute ist sie 60 Jahre alt. Aber das wissen nur ihre engsten Freunde …

Und so wird die Übung gegen Hängebäckchen ausgeführt:

Zwei Eßlöffel werden im Wasserbad erwärmt, dann abgetupft und mit einem straffenden Gel oder einer Ölmischung aus einem Basisöl und einigen Tropfen Geranium-Öl bestrichen. Dieses wirkt ausgleichend auf angespannte Nerven und hautkräftigend zugleich. Die Geranie ist eine Freundin der Frau und tut ihr bestes für deren Wohlergehen.

Halten Sie die Löffel zur »Löffel-Wangen-Lift-Massage« senkrecht und legen sie links und rechts des Kinns an. Zuerst kreisen lassen, dann bringen Sie Ihren Mund wiederum in leicht geöffnete »E«-Stellung und streichen mit den Löffeln leicht wippend am Gesichtsrand entlang bis zu den Ohrläppchen (Bild 8, Seite 111). Dort mit den Löffeln dreimal fest nach oben drücken, so als ob Sie die Wangen am Ohr anknipsen wollten. Diese Übung wird insgesamt fünfmal mit erwärmten Löffeln durchgeführt. Zum Abschluß führen Sie die Übung einmal mit gekühlten Löffeln aus.

Ein Doppelkinn muß nicht sein

Drücken und streichen

Die Mund- und Kinnregion jung und elastisch zu erhalten, erfordert schon bei-zeiten einen kleinen Aufwand, denn wir alle neigen dazu, spätestens ab der Lebens-mitte gerade in diesem Bereich Haut-, Bindegewebs- und Muskelspannung ein-zubüßen. Warten Sie daher nicht erst, bis die Erdanziehungskraft über Ihre Mus-keln und Bänder gesiegt und sich das Doppelkinn entwickelt hat, sondern trai-nieren Sie rechtzeitig den Kinnmuskel.

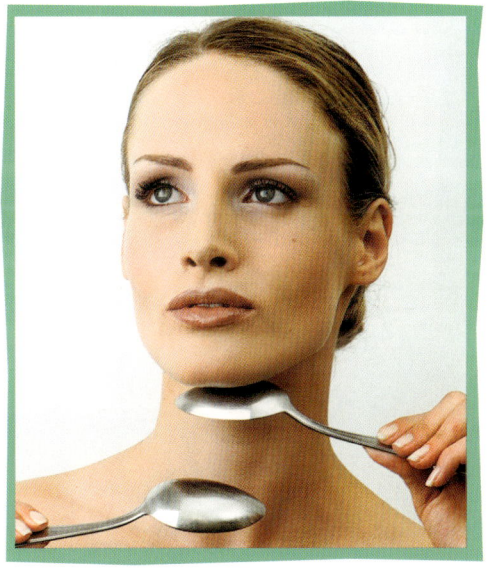

Als gymnastische Übungen eignen sich folgende: 1. Halten Sie den Kopf ge-rade, schließen die Lippen und formen ein »Mh«. Nun dehnen Sie den Kinn-muskel von seiner Mitte aus nach vorn, sodaß gleichzeitig die Muskelstränge unter dem Kinn und am Hals angespannt und wieder gelockert werden. 2. Der Kopf wird wiederum gerade ge-halten, die Lippen sind aber jetzt geöffnet. Legen Sie nun den Zeigefinger waagerecht in die Kuhle zwischen Kinn und Lippen und drücken fest nach unten. Schließen Sie dabei gegen diesen Widerstand die Lippen.

Beide Übungen werden mehrmals hintereinander wiederholt und ergänzen die Löffelmassage, die bei einem Doppelkinn wie folgt angewandt wird:

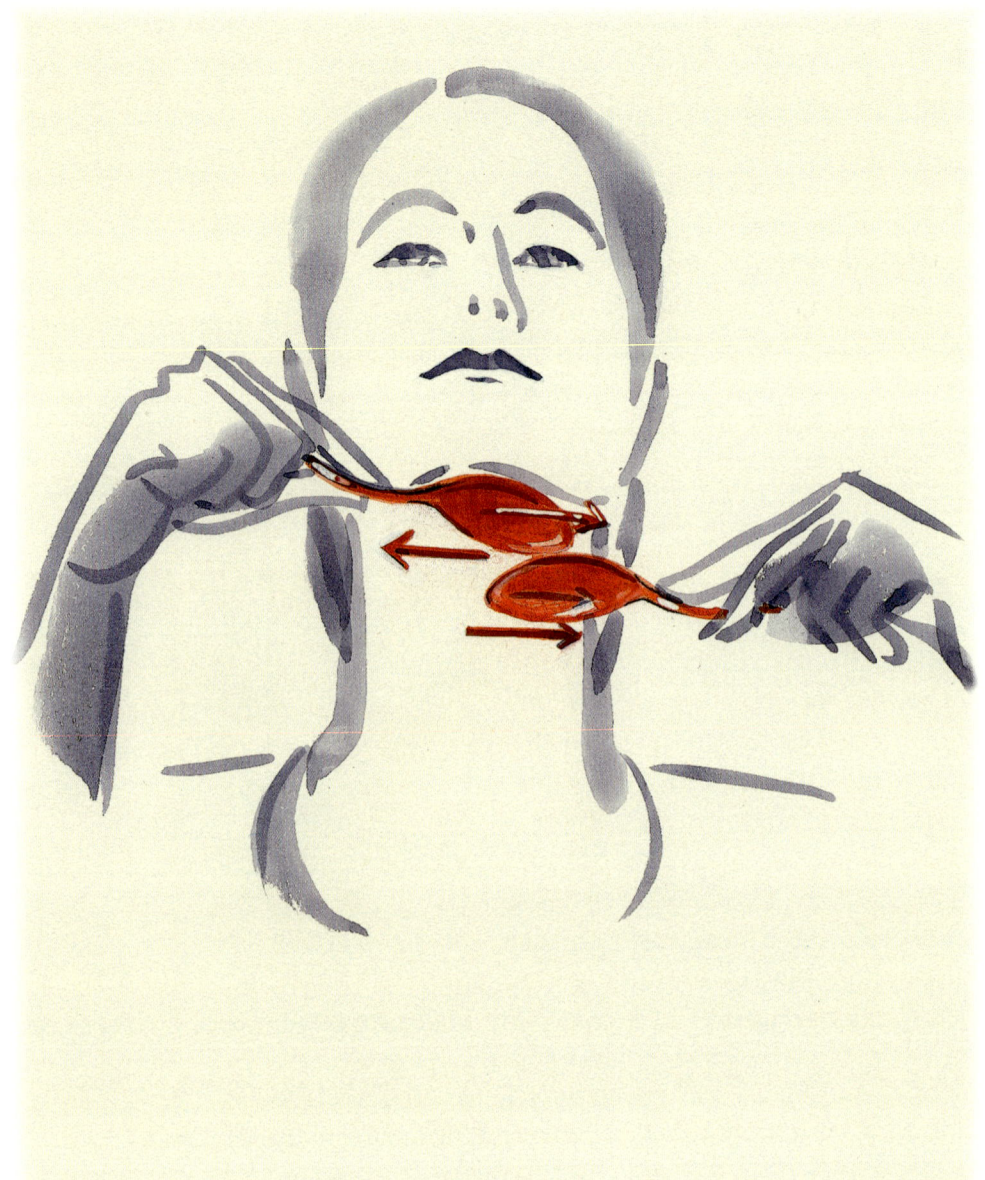

Bild 9. Löffel unter dem Kinn anlegen, Mund zum »M« formen, Kinn dabei vorstrecken und rechten Löffel nach links, linken Löffel nach rechts. Sechsmal ausführen.

Sie nehmen zwei Eßlöffel, erwärmen diese im Wasserbad, tupfen sie ab und bestreichen die äußere Wölbung mit einer Halscreme.

Die Löffel werden waagerecht unter dem Kinn angelegt (Bild 9). Formen Sie Ihren Mund zu einem »M« und strecken dabei das Kinn nach vorn. Führen Sie jetzt den rechten Löffel langsam und mit nur leichtem Druck von links nach rechts und den linken Löffel von rechts nach links. Dabei bitte nicht wippen, sondern nur streichen. Jede Löffelbewegung wird sechsmal durchgeführt. Zwischendurch sollten Sie die Löffel immer wieder einmal erwärmen und mit Creme oder einer Ölmischung bestreichen.

Verbannen Sie das große Federkopfkissen aus Ihrem Bett und schlafen dafür besser auf einer Nackenrolle oder einem speziellen Beauty-Kissen, das eine kleine Mulde in der Mitte besitzt, sodaß der Kopf beim Schlafen nicht mit dem Hals zusammengekauert in die Schultern gepreßt wird. Übrigens: Neben seiner Wirkung gegen das Doppelkinn entlastet die Nackenrolle auch die Halswirbelsäule, sodaß die ganze Kopfregion während des Schlafes besser durchblutet wird. Hierbei handelt es sich im wahrsten Sinne des Wortes um den sogenannten Schönheitsschlaf.

Der Schwanenhals

Zeigen Sie Haltung

Ein schlanker, langer, schön geschwunge-
ner Hals erfreut das Auge des Betrachters,
entspricht unseren Vorstellungen von
Schönheit, ist ein Schönheitsideal – seit
alters her und bei allen Völkern. Nur wenige allerdings haben es so ins Extreme
getrieben wie die Frauen der Nubier, die
noch heute ihre Hälse mit vielen Ringen
nicht nur schmücken, sondern in die
Länge ziehen. Je mehr Ringe, desto länger der Hals – um so größer die Schönheit.

Ein schöner schlanker Hals verleiht
seiner Trägerin eine Grazie, deren Anzie-
hungskraft sich Männer nur schwer er-
wehren können. Denken Sie jetzt, daß Sie diese Wirkung nie haben werden, weil Ihr Hals viel zu kurz ist? Dann will ich Ihnen
nur eines sagen: Es ist alles eine Frage der Körperhaltung. Gehen, stehen und sitzen Sie aufrecht, so als wäre an ihrem Kopf
ein langes Band befestigt, das Sie immer leicht nach oben zieht.
So können Sie nicht mehr in sich zusammensinken, sondern
streben mit dem ganzen Körper – ohne verkrampft zu wirken –
nach oben. Mit dieser Haltung erscheinen Sie größer und
schlanker, als Sie in Wirklichkeit sind; und auch Ihr Hals wirkt
länger und graziler. Also, Kopf hoch wie die Models und Manne-

Öl-Mischung
Für die nebenstehend beschriebene Löffel-massage des Halses mischen Sie in einem kleinen Schälchen auf 1 Eßlöffel Basis-Öl insgesamt 3–5 Tropfen ätherischer Öle ihrer Wahl; entweder: Jasmin, Lavendel, Sandelholz oder Rose. Alles gut miteinander verrühren. Die Wahl der Öle nehmen Sie ganz nach Ihrem Geschmack und der beabsichtigten Wirkung vor (siehe Kapitel Ätherische Öle). Aber auch eine gehaltvolle Halscreme tut ihre Wirkung.

MEIN TIP

Um den Lymphfluß anzuregen, können Sie zwischendurch die Löffel an die Haut unterhalb des Ohres legen und mit leicht wippenden Bewegungen senkrecht nach unten streichen.

quins, mit denen wir früher mit einem dicken Lexikon auf dem Kopf das aufrechte Schreiten eingeübt haben – was noch heute seine uneingeschränkte Gültigkeit besitzt.

Und hier die Löffelmassage für einen faltenlosen Hals:

Erwärmen Sie wieder die beiden Eßlöffel im Wasserbad, tupfen sie leicht ab und bestreichen sie mit einer Halscreme. Sie können aber auch die Löffel in eine selbst hergestellte erwärmte Ölmischung tauchen.

Setzen Sie die beiden Löffel halb waagerecht bzw. schräg oben an der Halsmitte – direkt unter dem Kinn – an und führen sie streichend nach außen bis beinahe um den Hals herum (Bild 10). Arbeiten Sie sich dabei langsam tiefer über den Kehlkopf nach unten. Jede Löffelbewegung wird zwölfmal durchgeführt. Achten Sie darauf, daß Sie dabei nicht die Haut mit dem Löffel vor sich her schieben, sondern lediglich darüberstreichen.

Die Haut Ihres Halses wird Ihnen eine regelmäßige Anwendung dieser Übung danken und lange faltenlos bleiben.

Ebenso empfehle ich Ihnen, Ihre tägliche Hautpflege nicht auf das Gesicht zu beschränken, sondern Hals, Schultern und Dekolleté einzubeziehen. Sonst kann es leicht geschehen, daß Sie im Gesicht noch jung wirken, Hals und Dekolleté Sie aber »alt« aussehen lassen. Da die Haut am Hals dünner ist als die Gesichtshaut und weniger Talgdrüsen besitzt, ist

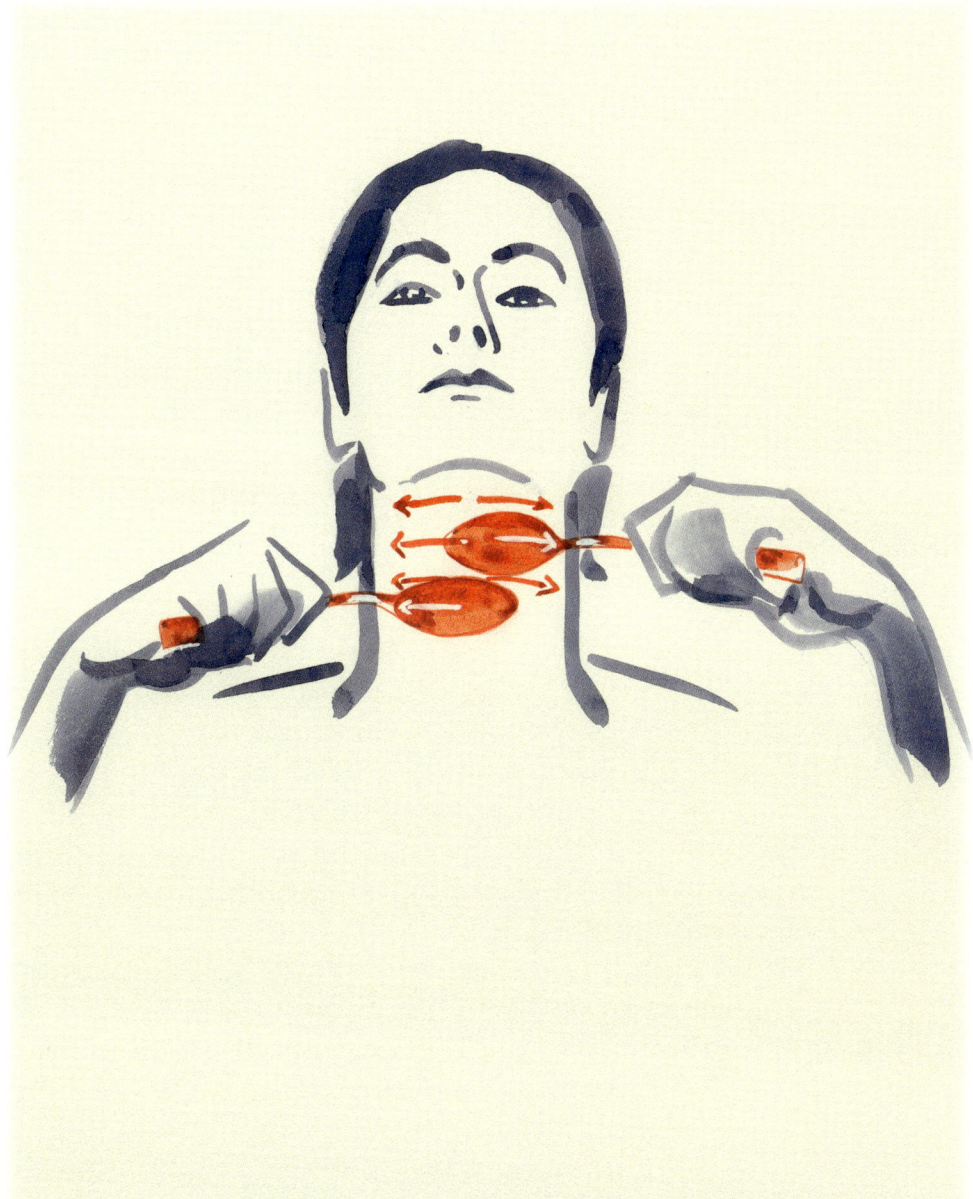

Bild 10. Löffel unter dem Kinn an der Mitte des Halses ansetzen und nach außen streichen. Dabei langsam Reihe für Reihe nach unten arbeiten. Zwölfmal wiederholen.

Gönnen Sie Ihrem Hals vor der Löffelmassage ab und zu ein Fruchtsäure-Peeling (gibt es im Handel), vor allem, wenn die Haut dort schon etwas krisselig aussieht. Ein selbst hergestelltes Enzym-Peeling tut es aber auch. Verrühren Sie einen Würfel Backhefe mit etwas Rosenwasser und tragen die Masse mit einem flachen Kuchenpinsel auf. Etwa 10 bis 15 Minuten antrocknen lassen und danach mit den Fingerkuppen oder einem Schwamm abrubbeln.

sie dort sehr empfindlich und trocken. Vorzeitige Faltenbildung ist ein Zeichen übermäßiger Belastung der Haut: durch zuviel Sonnenbäder, radikale Abmagerungskuren oder falsche Pflege.

Und weil nicht jeder die Halsfalten durch eine kosmetische Operation glätten will, fängt man/frau besser beizeiten mit der richtigen Pflege für Hals und Schultern an:

– Lassen Sie die Gesichtspflege, wie gesagt, nicht am Kinn enden, sondern reinigen Sie auch die Halsregion mit den Mitteln, die Sie für Ihr Gesicht verwenden. Eine mir nahestehende Diva hat einmal zu mir gesagt: »Wer am Hals spart, muß spätestens mit 40 dafür büßen.«
– Gepflegt wird ebenfalls mit einer schnell einziehenden Gesichts- oder Halscreme. Im Alter von 40 Jahren, spätestens ab 50, wird es allerdings höchste Zeit für eine spezielle Halscreme. Massageeffekte können Sie auch mit einem Noppenroller hervorrufen, der durch seinen leichten Druck die Blutzirkulation anregt.
– Wechselduschen – auch gut für den Busen – trainieren die Haut der Halsregion.
– Wöchentlich einen Ölwickel oder eine Maske auf den Hals auftragen. Letztere ist schnell aus gleichen Teilen Honig und Weizenkeimöl, verrührt mit Eigelb, bereitet. Dick auftragen und etwa 30 Minuten einwirken lassen.

Ein Blick ins Dekolleté

Die wohl heute bekanntesten Dekolletés trugen die Damen am Hofe des französichen Sonnenkönigs Ludwig des XIV. Hals, Schultern und tiefes Dekolleté boten sich unverhüllt den Blicken des sinnenfreudigen Königs und seiner Begleiter dar. Und seine Mätressen taten alles, um ihre Brüste und die Haut um das Dekolleté straff und glatt zu halten. Zu diesem Zwecke wurde ein Waschwasser aus Rosenwasser, Essig, Kampfer und Tutia bereitet. Als Umschlagmasse verwendeten sie ein Gemisch aus Lithargyrum, Eiweiß, Galläpfeln, Mastix und Weihrauch – angerührt mit warmem Essig. Und als Salbe

diente mit Cerussa und Marmora angeriebenes Myrten-Öl.

Zu Zeiten der Renaissance in Italien (14.–16. Jh. u. Z.) betonte man gern den Busen, indem man aus dem Miederteil des Gewandes zwei kreisrunde Löcher ausschnitt und diese mit einem durchsichtigen Stoff bedeckte. Um dem ganzen Halt zu geben, wurde das Korsett erfunden.

Die Frauen unseres Kulturkreises sind heute freier, je nach Anlaß, Lust und Laune die Größe ihres Dekolletés selbst zu bestimmen. Mode ist, was gefällt. Aber egal, ob der Busen groß oder klein ist, das Dekolleté mehr oder weniger enthüllen soll, jede Frau möchte diese weibliche Region glatt und faltenlos präsentieren.

Für ein straffes Dekolleté

Die folgende Übung strafft Ihr Dekolleté:

Wärmen Sie – aber nur leicht – zwei Eß- oder Gemüselöffel im Wasserbad und tupfen Sie diese trocken. Anschließend bestreichen Sie die Löffel mit einer die Haut straffenden Creme oder mit einer Massage-Öl-Mischung Ihrer Wahl.

Legen Sie die beiden Löffel auf dem Brustbein an und streichen diese kreisend nach außen zur Schulter hin (Bild 11). Wechseln Sie die Richtung der Kreise von links nach rechts und wieder zurück. Führen Sie die Übung zwölfmal durch.

Da dieses Hautareal meist schlecht durchblutet und deshalb besonders anfällig für Falten ist, wäre eine zusätzliche Bestrahlung der Löffel mit Rotlicht – vor der Massage – eine weitere Variante.

MEIN TIP

Für die Fältchen im Ansatz zwischen den Brüsten beide gekühlten Löffel hintereinander anlegen und langsam von der Brust nach oben in Richtung des Halses streichen.

Gegen Pigment- und Altersflecken auf dem Dekolleté hilft eine Mischung aus je einem Tropfen Zitronen-Öl, Wacholderharz und 10 ml Basisöl Ihrer Wahl. Beträufeln Sie damit einen Mokkalöffel, und kreisen Sie nur auf den unschönen Flecken. Aber Vorsicht: Danach nicht in die Sonne oder das Solarium gehen, denn diese Ölmischung erhöht die Lichtempfindlichkeit der Haut. Deshalb sollten Sie diese Anti-Flecken-Massage gegen Pigmentstörungen nur abends durchführen.

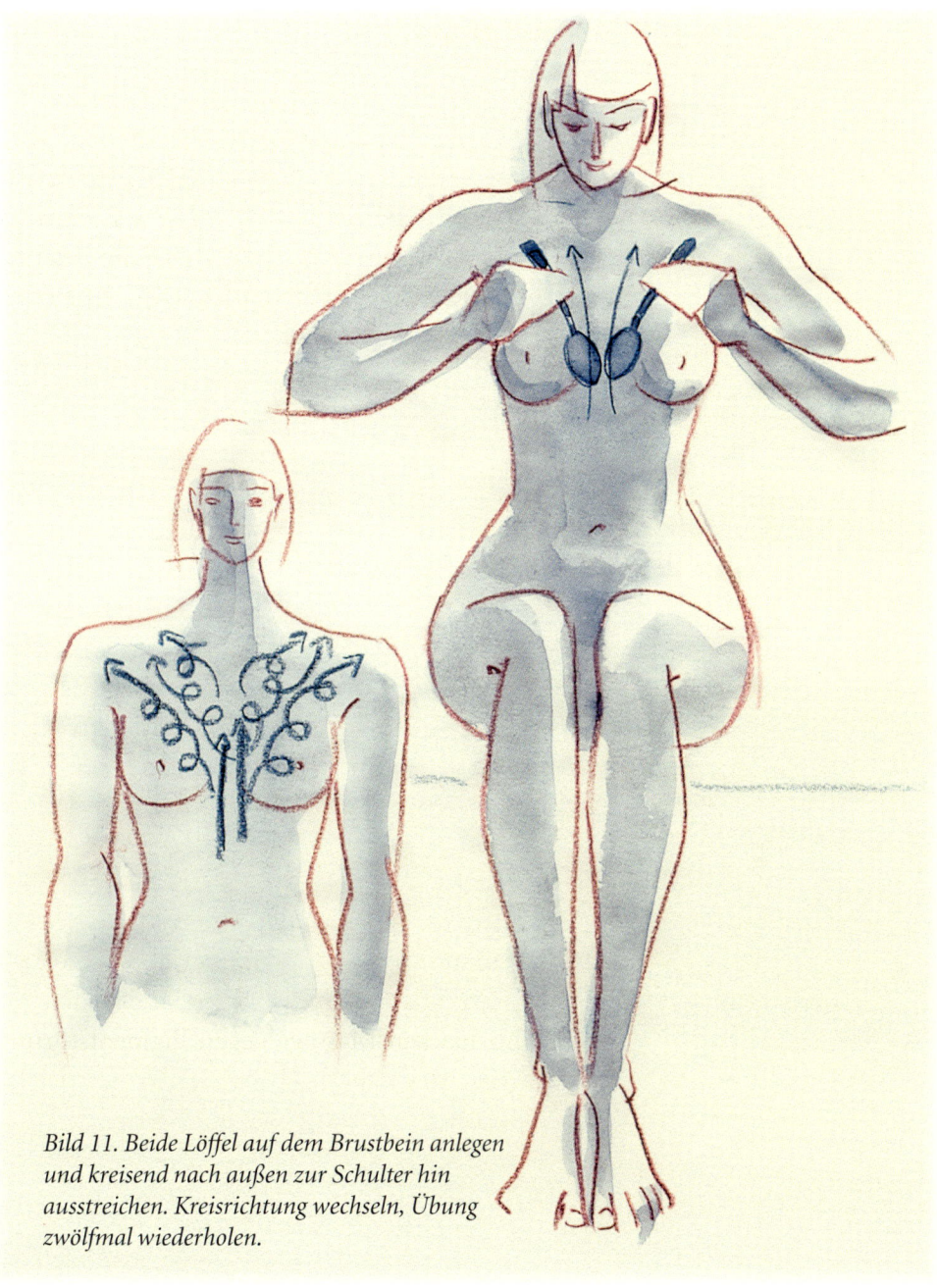

Bild 11. Beide Löffel auf dem Brustbein anlegen und kreisend nach außen zur Schulter hin ausstreichen. Kreisrichtung wechseln, Übung zwölfmal wiederholen.

Stiefkind Oberarme

Zu einem schönen Dekolleté gehören auch straffe Oberarme. Doch da hapert es bei vielen Frauen. Denn oft wird diese Region bei der täglichen Schönheitspflege vernachlässigt. Dabei neigt besonders die Haut der Oberarm-Innenseiten zu Schlaffheit und Faltenbildung. Doch auch hier können Sie mit der Löffel-Massage im wahrsten Sinne des Wortes einiges in Bewegung bringen: nämlich den Lymphfluß, die Blutzirkulation sowie die Kräftigung der Muskulatur.

Strecken Sie für diese Übung den Arm vom Körper weg und beginnen mit den Löffeln und einer Ölmischung Ihrer Wahl auf der Ellenbogeninnenseite zu kreisen und arbeiten sich dann mit leicht kreisenden und wippenden Bewegungen bis zur Achselhöhle vor. Und zwar Reihe um Reihe, bis Sie um den ganzen Oberarm herum sind. Da die dort häufig schlaffe Haut sehr langsam reagiert, müssen diese Übungen oft ausgeführt werden, und zwar am besten im Wechsel mit warmen und kalten Löffeln, wobei immer mit den kalten Löffeln geendet werden sollte.

Als Basisöle eignen sich Weizenkeim-Öl, Macadamia-Öl, Nachtkerzen-Öl bzw. Sesam-Öl. Diese reichern Sie mit ätherischen Ölen an, die straffen und die Durchblutung fördern, wie z. B. Rosmarin (wärmend), Lemongras (bindegewebsfestigend) und Pampelmuse (durchblutungsfördernd).

MEIN TIP

Vergessen Sie niemals, wenn Sie sich nach dem Duschen oder Baden mit einer Bodylotion einreiben, diese versteckten Stellen unter den Armen ebenfalls zu verwöhnen. Auch eine spezielle Oberarmgymnastik lohnt sich, damit die Haut dort bis ins hohe Alter straff bleibt.

Zeigt her eure Arme ...

Brigitte, eine meiner Kundinnen und beruflich engagierte Frau eines bekannten und erfolgreichen Geschäftsmannes, beklagte vor geraumer Weile, daß die Haut an ihren Oberarmen immer schlaffer würde und sie bald deswegen kein ärmelloses Abendkleid mehr tragen könne. Nun, die Neigung zu leicht hängender Haut war an ihren schlanken Armen schon deutlich zu erkennen. Um einen Rat befragt, empfahl ich ihr neben Wechselduschen und Trockenmassage mit einer sehr weichen Bürste zusätzlich meine Löffelmassage, die sie nach Anleitung in ihre tägliche Körperpflege mit einbezog.

Regelmäßig und auf längere Zeit angewandt, dazu etwas sportliche Betätigung der Oberarme – das konnte mir auch Brigitte bestätigen – strafft diese Übung die Haut an diesen Stellen wieder. Brigitte jedenfalls kaufte sich für den nächsten großen Ball ein neues, ärmelloses Kleid. Das Mühen hatte sich gelohnt. Nun können sich diese Arme wieder sehen lassen.

Im Wasserbad wird ein Eßlöffel gekühlt, danach abgetupft und mit einer hautstraffenden und festigenden Körperlotion oder einer Massage-Öl-Mischung bestrichen. Dann wird der Löffel in der Armbeuge des rechten Armes angelegt und kreisend in Richtung der Achselhöhle nach oben geführt. Wechsel zum linken Arm und Wiederholung der Massage (Bild 12). Diese Übung wird pro Arm sechsmal durchgeführt.

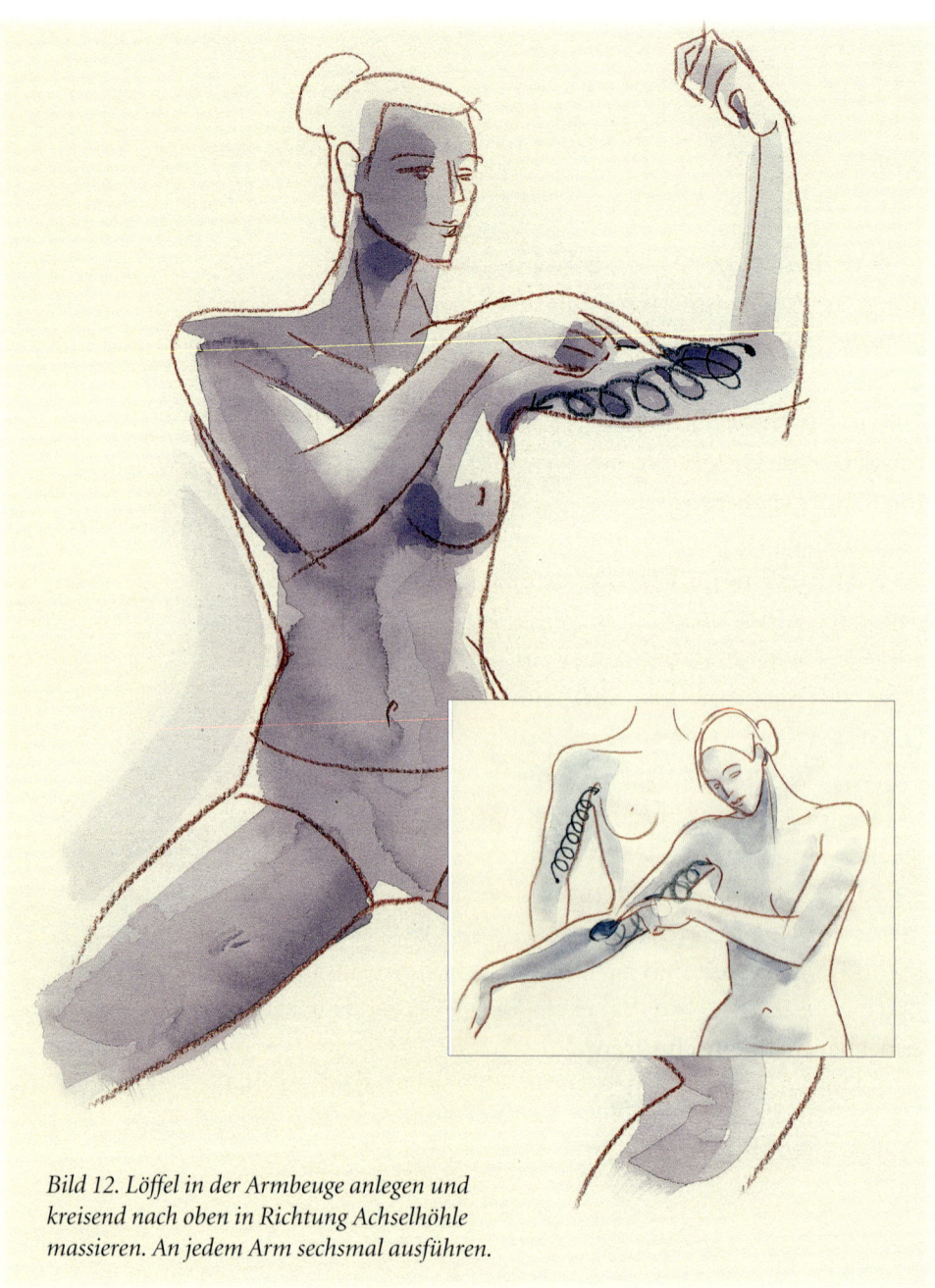

Bild 12. Löffel in der Armbeuge anlegen und kreisend nach oben in Richtung Achselhöhle massieren. An jedem Arm sechsmal ausführen.

Brust raus

Größe und Form der Brust sind anlage-
bedingt und – außer durch plastische
Chirurgie – nur wenig zu beeinflussen.
Die weibliche Brust besteht hauptsächlich aus Drüsen- und Fettgewebe, eingebettet in Bindegewebe. Keine Muskeln,
Bänder oder Sehnen halten sie. Einzige
»Aufhängung« sind zarte Bindegewebs-
stränge, die zum großen Brustmuskel
führen. Trotzdem lassen sich einige Re-
geln aufstellen, deren Einhaltung einem
strafferen Busen förderlich sind.

Gegen schlaffen Brüste

– Beim Stehen und Gehen »Haltung« bewahren und nicht in
  sich zusammensinken, also: Brust raus!
– Nur gut sitzende Büstenhalter tragen, die die Brust leicht stüt-
  zen, aber nicht einschnüren.
– Auf Oben-ohne-Sonnenbäder am besten verzichten, denn
  UV-Strahlung läßt die empfindliche Haut besonders schnell
  altern; man spricht auch vom sogenannten Photoaging. Nur
  wenn Sie ein Sonnenschutzmittel mit einem sehr hohen Lichtschutzfaktor verwenden, können Sie kurzzeitig den unbe-
  deckten Busen »in der Sonne baden«.

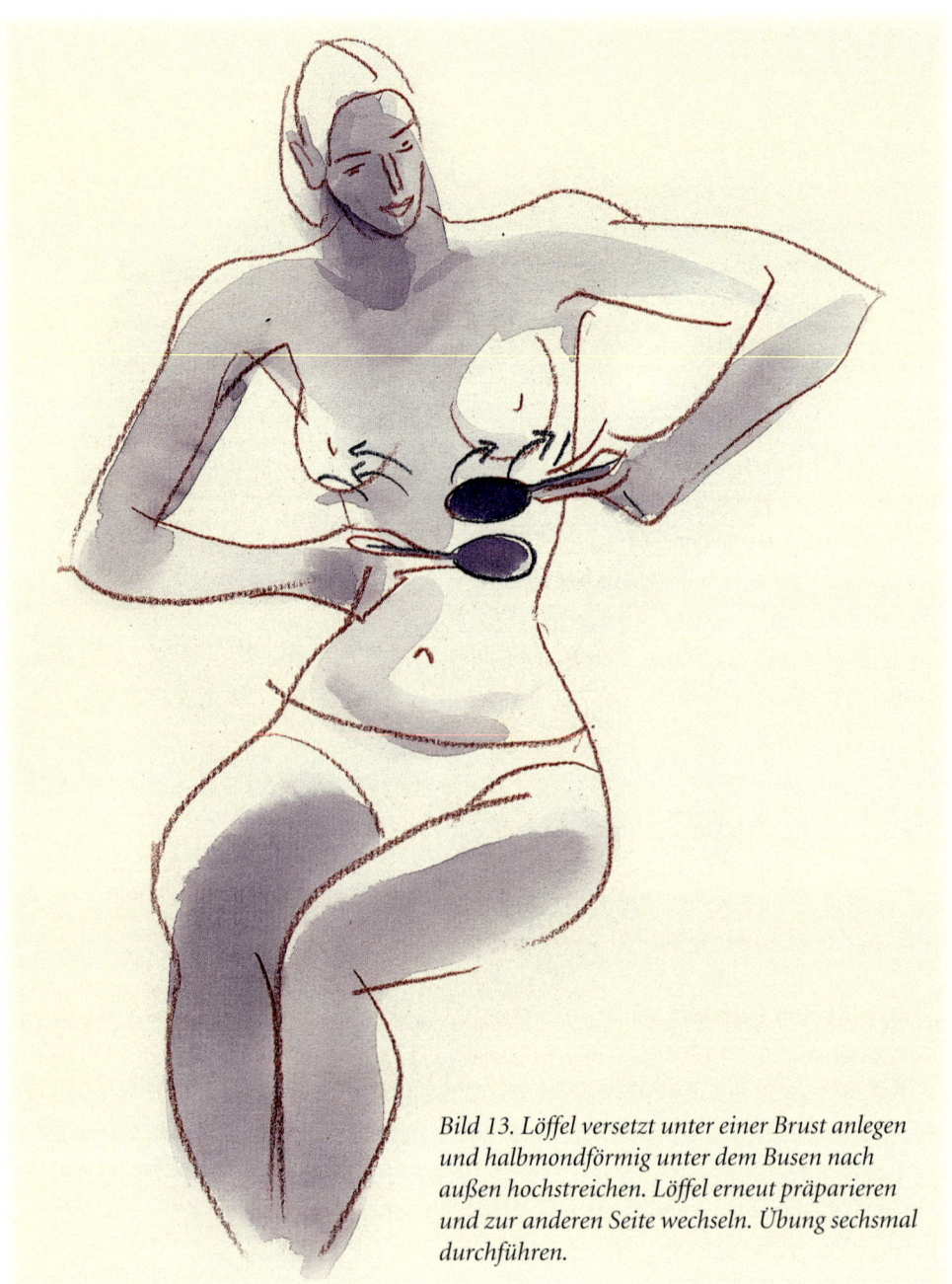

Bild 13. Löffel versetzt unter einer Brust anlegen
und halbmondförmig unter dem Busen nach
außen hochstreichen. Löffel erneut präparieren
und zur anderen Seite wechseln. Übung sechsmal
durchführen.

– Gönnen Sie Ihrem Busen ganz leichte Massagen mit sehr weichen Trockenbürsten und mit Öl benetzten Löffeln.
– Wechselduschen der Brüste mit warmem und kaltem Wasser durchführen oder Wechselkompressen auflegen: Je eine Schüssel mit heißem und mit kaltem Wasser füllen, Zitronensaft oder Meersalz zufügen. Abwechselnd Tücher eintauchen und auf die Brüste legen. Stets mit kühl enden.
– Regelmäßiges Schwimmen stärkt das Bindegewebe.
– Zur Pflege der Brust können Sie nach dem Duschen, nach den Kompressen oder zur Löffelmassage Rosmarin-Öl oder Kräutermassage-Öl mit Efeuextrakten auftragen:

Benutzen Sie – je nach Größe des Busens – entweder zwei Eß- oder Gemüselöffel. Die Löffel werden gekühlt, abgetupft und mit einem hautstraffenden Gel oder einer Massage-Öl-Mischung bestrichen. Dafür eignen sich als Basisöle am besten Süßes Mandel-Öl oder Jojoba-Öl sowie von den ätherischen Ölen alle frischen Zitrus-Öle wie z. B. Grüne Zitrone, Lemongras, Bitterorangenschale und Bergamotte, die straffend auf die kollagenen Fasern wirken. Die Industrie bietet hier aber auch fertige Ölmischungen zum Straffen des Busens an.

Legen Sie beide Löffel gegeneinander versetzt unter einer Brust an und streichen Sie halbmondförmig unter dem Busen nach außen hoch (Bild 13). Danach präparieren Sie die Löffel erneut und wechseln zur anderen Brust. Die Übung wie beschrieben auch an dieser Brust wiederholen. Jede Löffelbewegung soll sechsmal durchgeführt werden. Dies gilt auch für die folgende Massageübung »Löffel-Spirale«, bei der die Brust mit den geöl-

Der Quickie-Busenstraffer: So oft Sie einige Minuten Zeit haben, sei es vor dem Fernseher, am Schreibtisch oder im Auto vor einer roten Ampel wartend, können Sie mit einer einfachen isometrischen Übung die Brustmuskulatur kräftigen. Falten Sie dazu die Hände wie zu einem Gebet vor der Brust zusammen und drücken dabei diese fest gegeneinander, wobei Sie bis sechs zählen; loslassen, ausatmen und die Übung mehrmals wiederholen.

MEIN TIP

ten Löffeln umkreist wird und man die Löffel spiralförmig über die Brust bis zur Brustwarze führt, wo man endet, um dann zur anderen Seite zu wechseln.

Für eine schöne Brust kann frau nicht genug tun, denn laut Statistik steht ein wohlgeformter Busen bei den Männerblicken immer noch auf Platz 3.

Die Transparent-Mode fordert es übrigens geradezu heraus, die Brustwarzen mit Henna einzufärben oder mit einer Camouflage-Creme kräftiger zu tönen.

Bauch- und beinfrei in Mode

In jedem Frühling werden die Ernäh-
rungssünden des vorangegangenen Win-
ters sichtbar, und so manche Frau gerät
in leichte Panik, weil die Sommersachen
des letzten Jahres nicht mehr passen
wollen – das Lieblingskleid sitzt zu eng,
und der Reißverschluß der Lieblingshose
ist nicht mehr zu schließen. Abhilfe ver-
sprechen die in vielen Zeitungen und
Zeitschriften angebotenen Crashdiäten,
obwohl alle wissen, daß sie nur einen
sehr kurzzeitigen Effekt hervorrufen und
die meisten Frauen nach einer solchen
Diät bald wieder mehr wiegen als zuvor.

Wer seinem runden Bäuchlein und
den allzu prallen Oberschenkel dauerhaft zu Leibe rücken will,
tut besser daran, seine Ernährungsweise für immer umzustellen
und für ausreichende Bewegung zu sorgen.
Die Grundprinzipien lauten:
– Ernähren Sie sich nicht lustfeindlich, sondern genießen Sie
  alles zur richtigen Zeit und in Maßen.
– Gestalten Sie Ihren Speiseplan abwechslungsreicher als bisher, und erhöhen Sie den Anteil an Gemüse und Obst. Nehmen Sie weniger Fette und Sahne zu sich.
– Trinken Sie täglich mindestens zwei Liter Mineralwasser oder
  Kräutertee oder verdünnte Obst- und Gemüsesäfte.
– Reduzieren Sie konsequent Kuchen und Süßigkeiten.

- Garen Sie Ihre Speisen schonend: nur kurz und mit wenig Fett und Wasser.
- Bewegen Sie sich mehr: Wandern, Spazierengehen, Radfahren und Schwimmen bringen Ihnen mehr als der Besuch in einem Fitneßstudio – und sind auch billiger.
- Auf diese Weise ernährt, nehmen Sie zwar nur langsam ab, aber dafür dauerhaft. Damit Ihre Haut auch danach noch straff und elastisch »sitzt«, empfehle ich Ihnen – neben ausreichender Bewegung – die Löffelmassage.

Für einen festen Bauch

Eine Löffelmassage ist bestens geeignet, Ihre Bemühungen um einen festen, straffen Bauch zu unterstützen. Diese Empfehlung gebe ich auch den Kundinnen meines Cosmetic & Camouflage Centrums, die abnehmen wollen. Und sie alle haben damit gute Erfahrungen gemacht:

Kühlen Sie zwei Eßlöffel im Wasserbad und tupfen diese trocken. Anschließend bestreichen Sie die Löffel mit einem hautstraffenden Gel oder einer Öl-Mischung. Sie können Fertigmischungen verwenden oder sich selbst eine Mischung zubereiten.

Mit den so präparierten Löffeln kreisen Sie im Uhrzeigersinn um den Bauch herum (Bild 14). Nach mehreren Umkreisungen streichen Sie gleichzeitig mit beiden Löffeln kräftig von unten nach oben die Bauchdecke entlang. Beginnen Sie in der Bauchmitte, und arbeiten Sie sich rechts und links nach außen vor.

Diese Übung wird zweimal wiederholt. Sie ist übrigens auch gegen schlechte Verdauung sehr gut geeignet, wie z. B. bei Blähungen und Völlegefühl, wenn Sie dem Basisöl zwei Tropfen Weihrauch-Öl zufügen.

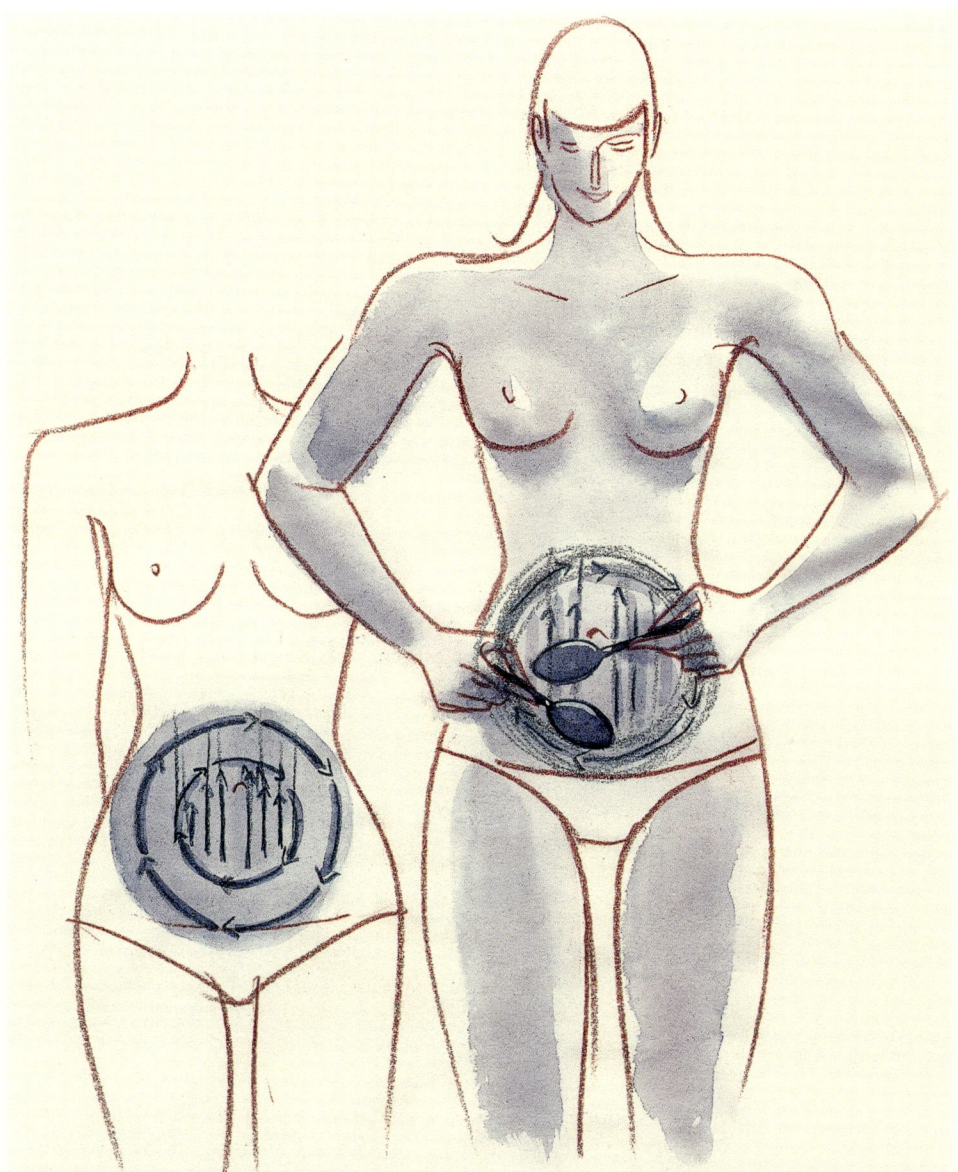

*Bild 14. Mit den Löffeln im Uhrzeigersinn um den Bauch kreisen, kreisen, kreisen –
und dann die Bauchdecke kräftig von unten nach oben streichen. Dabei in der Bauchmitte beginnen und nach rechts und links vorarbeiten. Sechsmal wiederholen.*

Als Ölmischung gegen Anspannung oder Prüfungsangst eignet sich ein Mix aus Johanniskrautöl als Basisöl mit einigen Tropfen Neroli (Süßorange).

Ist Ihnen allerdings von innen her etwas kühl oder unwohl, ist es besser, die Löffel für diese Massage zu erwärmen und mit einer Ölmischung zu bestreichen, die harmonisierend wirkt, wie z. B. die Mischung aus Johanniskrautöl und einigen Tropfen Rosen-Öl, welches das Bauch-Chakra erwärmt und ins Lot bringt. Der Duft der Rose ist ein gutes Hilfsmittel gegen depressive Verstimmungen; er vermittelt das Gefühl der Liebe und der Harmonie nach einem anstrengenden Tag. Die Rose ist auch ein hervorragendes Aphrodisiakum, das die Liebeskräfte stärkt und den Genuß erhöht.

Lavendel kann helfen, den Bauch wieder zu beruhigen, Reizbarkeit zu mildern und die Stimmung aufzuhellen. Bei schwachem Bauchbindegewebe wäre eine Mischung aus Weizenkeimöl als Basis mit einigen Tropfen Zypresse, Sandelholz und Bitterorange anzuraten. In diesem Falle muß die Löffelmassage jedoch über einen längeren Zeitraum täglich konsequent durchgeführt werden.

> Ruhen Sie sich nach der Löffel-Bauchmassage wenigstens 15 Minuten aus. Legen Sie dabei die Hände flach auf den Bauch, und erspüren Sie, wie die Energie von Ihren Fingerspitzen über die Arme und Ihren ganzen Körper bis zu den Zehenspitzen und wieder zurück durch Ihren Bauch fließt.

MEIN TIP

Zeigen Sie Bein

Nach meene Beene is ja janz Berlin verrückt.« So sang einst Marlene Dietrich. Und mit recht, denn Sie hatte Traumbeine, die. wie in alten Filmbüchern zu lesen ist, sogar für eine Million Dollar bei dem englischen Nobelkonzern Lloyd's versichert gewesen sein sollen.

Die meisten Frauen, ob Hollywoodstar Julia Roberts, Pop-

Ikone Madonna oder unser deutsches »Fräuleinwunder« Ute Lemper wissen längst, was auch die Statistik sagt: Männer sehen gern schöne Frauenbeine. Und ich denke, mit der neuen durchsichtigen Mode und den langen Schlitzen in den Röcken kommen die Herren auf ihre Kosten wie noch nie, denn Mode und Kosmetik setzen auf »Blickfang Bein«. Hegen und pflegen Sie diese, denn nur gesunde Beine sind auch schöne Beine. Tägliche Bewegung wie Laufen, Gymnastik, Schwimmen, aber auch Trockenbürsten oder eine Löffelmassage tut den Beinen gut.

Falls nötig, befreien Sie die Beine vorher von unschönen Haaren. Greifen Sie dabei aber nicht voreilig zum Rasierer, denn sonst haben Sie durch's Nachwachsen binnen einer Woche »Stachelbeerbeine«. Besser ist es, Sie kaufen sich einen speziellen Lady-Shaver. Bei den besten Geräten werden die Haare fast schmerzlos herausgezogen. Sauber, schnell und einfach enthaaren auch die im Handel erhältlichen Enthaarungscremes. Bei starkem Haarwuchs rate ich jedoch nach wie vor zur Warmwachsmethode, die von vielen Models praktiziert wird. Dann haben Sie mehrere Wochen Ruhe und streichelzarte Beine. Ganz gleich, für welche Methode Sie sich entscheiden, danach immer Haar-Ex-Stop-Gel auftragen. So hat der »Nachwuchs« weniger Chancen.

Neu gegen starken Haarwuchs an den Beinen: Laser, Epilight, Ultraschall und äußerliche Enzymbehandlungen mit Depilonine bei der Kosmetikerin oder dem Hautarzt.

Wer unter kleinen Krampfadern, roten Äderchen und Besenreisern leidet, kann mit Bein-Make-up eine ganze Menge vertuschen. Ja, Sie haben richtig gelesen: Make-up gibt es auch für die Beine! Fachgeschäfte halten fast 60 unterschiedlicheNuancen dafür parat, z. B. Camouflage in 6er-, 12er- oder 16er-Paletten. Sozusagen für jedes Bein den richtigen Farbton, ob blaß, gebräunt oder schokobraun. Mit wasserfestem Puder oder Spray fixiert, können Sie dann mit geschminkten Beinen, ohne abzufärben, bedenkenlos in die Sauna oder ins kühle Naß gehen. Vorausgesetzt, die Haut von den Knien aufwärts zu den Hüften ist nicht mit Cellulite behaftet.

Cellulite gar nicht erst aufkommen lassen

Was aber tun, wenn frau schlank ist, aber trotzdem an den falschen Stellen Fett angesetzt hat? Da hilft eine spezielle Bauchgymnastik. Ist die Bauchdecke schlaff, empfehlen sich zusätzlich Wechselduschen, Massagen und Trockenbürsten. Diese Maßnahmen, kombiniert mit sportlichen Aktivitäten, können auch – sofern man sie schon in jüngeren Jahren betreibt – der so gefürchteten Cellulite vorbeugen.

Die Ursachen für die »Orangenhaut« liegen in der weiblichen Anatomie und Physiologie begründet. Das Unterhautfettgewebe ist bei Frauen in großen Läppchen angelegt, die sich – wichtig bei Schwangerschaften – enorm ausdehnen können. Außerdem wird durch das weibliche Geschlechtshormon Östrogen viel Wasser im Gewebe gespeichert. Durch falsche Ernährung, Bewegungsmangel und Durchblutungsstörungen verlangsamen sich Blutzirkulation und Lymphfluß, und es treten jene unschönen Dellen und Pölsterchen auf. Solange Cellulite nur sichtbar wird, wenn man die Haut mit den Finger zusammendrückt, läßt sie sich gut bekämpfen. Wenn die Orangenhaut dagegen im Liegen bereits mit bloßem Auge erkennbar ist, wird es schon schwieriger. Aber auch jetzt können Sie den Zustand der Haut noch verbessern. Weniger aussichtsreich ist eine Behandlung immer dann, wenn die Cellulite seit Jahren besteht und nie etwas dagegen unternommen wurde. Da eine wirksame medizinische Behandlung noch immer nicht zur Verfügung steht, kann man der Cellulite nur vorbeugend oder kosmetisch begegnen.

So können Sie der Cellulite vorbeugen:

Ernährung	Viel frisches Obst und Gemüse; wenig Fett; salzarm, kein Alkohol; täglich zwei Liter Flüssigkeitszufuhr (z. B. Mineralwasser).
Bewegung	Laufen; Wandern, Radfahren oder Schwimmen mehrmals wöchentlich; täglich Gymnastik.
Massagen	Trockenmassage mit weicher Bürste oder Luffahandschuhen (kreisend von unten nach oben und rechts nach links) Druckpunktmassage mit einem Noppenroller oder Dermapunkturroller Löffelmassage mit zwei Eß- oder Gemüselöffeln als sanfte Druckmassage ausgeführt
Wechselduschen	Täglich einmal (wie bei der Massage von unten nach oben und von rechts nach links; mehrmals kalt und warm im Wechsel).

Im Handel erhältlich sind zahlreiche Spezialkosmetika gegen Cellulite in Form von Creme, Gel oder Lotion. Die in ihnen enthaltenen Pflanzenextrakte – z. B. Gingko, Algen, Ringelblume oder Rosmarin – unterstützen die oben beschriebenen Maßnahmen.

Darüber hinaus bieten viele Kosmetikinstitute Spezialtherapien an. Bevor Sie aber viel Geld für diese Behandlung ausgeben, sollten Sie Ihren Hautarzt fragen, was für Ihr individuelles Cellulite-Problem wirklich sinnvoll ist.

Im Kosmetikalltag mehr oder weniger bewährt haben sich die folgenden Methoden – Sie können aus diesem Angebot das für Sie richtige auswählen:

– Farblichtbehandlungen (Bestrahlung mit gelb und violett)
– Bindegewebsmassage (fördert die Durchblutung)
– Lymphdrainage (entzieht dem Gewebe Wasser)

– Saugpumpenmassage (wirkt entstauend)
– Thermotherapie (erzeugt einen Kalt-warm-Reiz)
– Algen- oder Moorschlammpackungen (haben schlankma-
  chende Wirkung)
– Körpermodelagen (festigen und entschlacken)
– Body-Wrap (Bandagieren mit Meeresextrakten)
– Aromatherapie (die ätherischen Öle wirken entschlackend und
  festigend).

Auch mit Ultraschalltherapie und Elektro-Lipolyse begegnet
man der Cellulite. Jedoch führen all diese Methoden nur dann
zu einem dauerhaften Erfolg, wenn man sie mit einer gesunden
Ernährung und viel Bewegung kombiniert.

Und hier nun die Löffelmassage gegen Cellulite:

Sie nehmen wieder zwei Eßlöffel und kühlen sie im Wasserbad.
Danach werden die Löffel kurz trocken getupft und mit einem
Anti-Cellulite-Gel oder einer Massage-Öl-Mischung bestrichen.
Setzen Sie beide Löffel in Höhe des Knies an der Innenseite der
Oberschenkel an und streichen Sie mit ihnen leicht
bogenförmig nach oben (Bild 15). Dann über die
Vorderseite zur Außenseite weiterarbeiten. Alle be-
troffenen Stellen werden kräftig überstrichen. Füh-
ren Sie diese Übung je Oberschenkel mindestens
eine Minute lang durch.

MEIN TIP

Messen Sie vor einer
Löffel-Kurbehandlung
den Umfang der Beine
über dem Knie und an
den Oberschenkeln und
tragen die Maße in
einen Kalender ein. Ein
Nachmessen nach einer
Woche ist ratsam;
der Erfolg wird Sie zum
Weitermachen an-
spornen.

Dieses Löffeltraining gegen schlaffe Oberschenkel
habe ich in meiner langen Laufbahn als Visagist vielen Mannequins und Models empfohlen, die heute
begeisterte »Löfflerinnen« sind und mir immer wieder gern von ihren Erfolgen berichten.

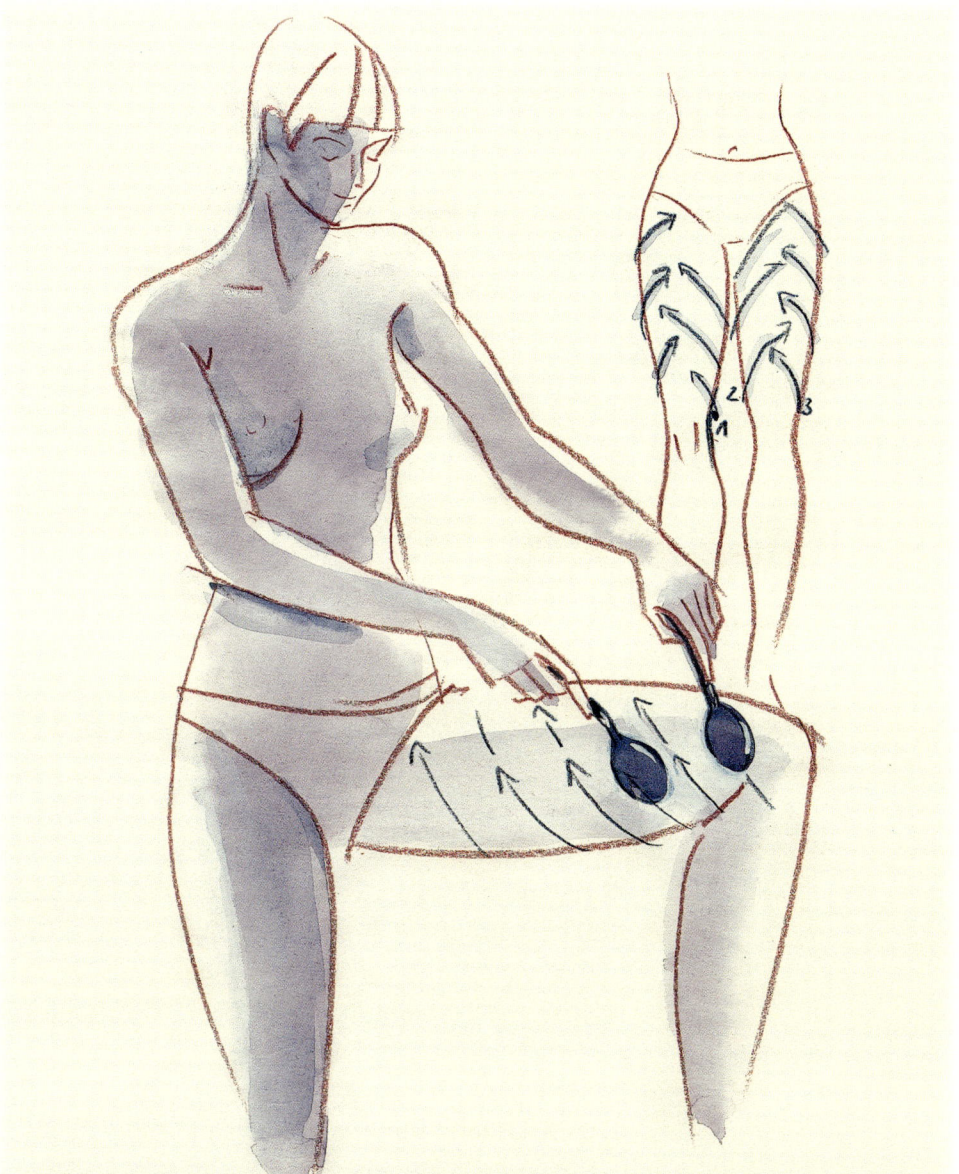

Bild 15. Beide Löffel an der Innenseite der Oberschenkel in Höhe des Knies ansetzen und leicht bogenförmig kräftig nach oben streichen; dann über die Vorderseite zur Außenseite weiterarbeiten. Je Oberschenkel mindestens eine Minute lang mit den Löffeln massieren.

Die Ölmischung zur Förderung des Stoffwechsels bei Cellulite könnte so aussehen:

50 ml Jojoba-Öl als Basisöll

5 Tropfen Grapefruit-Öl

2 Tropfen Rosmarin-Öl

2 Tropfen Zypressen-Öl

1 Tropfen Ingwer-Öl

Die Massage fördert die Durchblutung und sorgt für eine nachhaltige Entschlackung des Gewebes, dessen Struktur sich danach sichtbar verbessert.

Wenn die Beine schwer und müde sind

MEIN TIP

Auch die Fußreflexzonen an der Fußsohle reagieren gut auf die Löffelmassage. Massieren Sie dabei mit erwärmten Eßlöffeln. Beginnen Sie am Zehenansatz und massieren Sie die Fußsohle langsam mit leichten halbkreisförmigen Bewegungen bis zur Ferse. Dabei dürfen Sie ruhig etwas mehr Druck anwenden. Auch ein Massieren zwischen den Zehen mit dem Löffelstiel befördert die Durchblutung der Füße.

Stauungen der Lymphflüssigkeit in den Beinen – Sie kennen das vielleicht auch: Nach langem Sitzen oder Stehen schwellen Füße und Beine an – sind durch eine Massage gut aufzulösen. Ich empfehle sie allen meinen Kundinnen, die beruflich entweder ständig sitzen oder aber nur stehen müssen. Diese Massage entstaut das Gewebe über die Lymphbahnen und belebt darüber hinaus auch schmerzende und verkrampfte Muskulatur und beugt einem Muskelkater vor.

Um die Durchblutung der Beine zu verbessern, bereiten Sie die folgende Massage-Öl-Mischung zu:

50 ml Johanniskraut-Öl als Basisöll

15 Tropfen Cajeput

10 Tropfen Lemongras

Die Bein-Massage-Übung mit Löffeln sieht folgendermaßen aus:

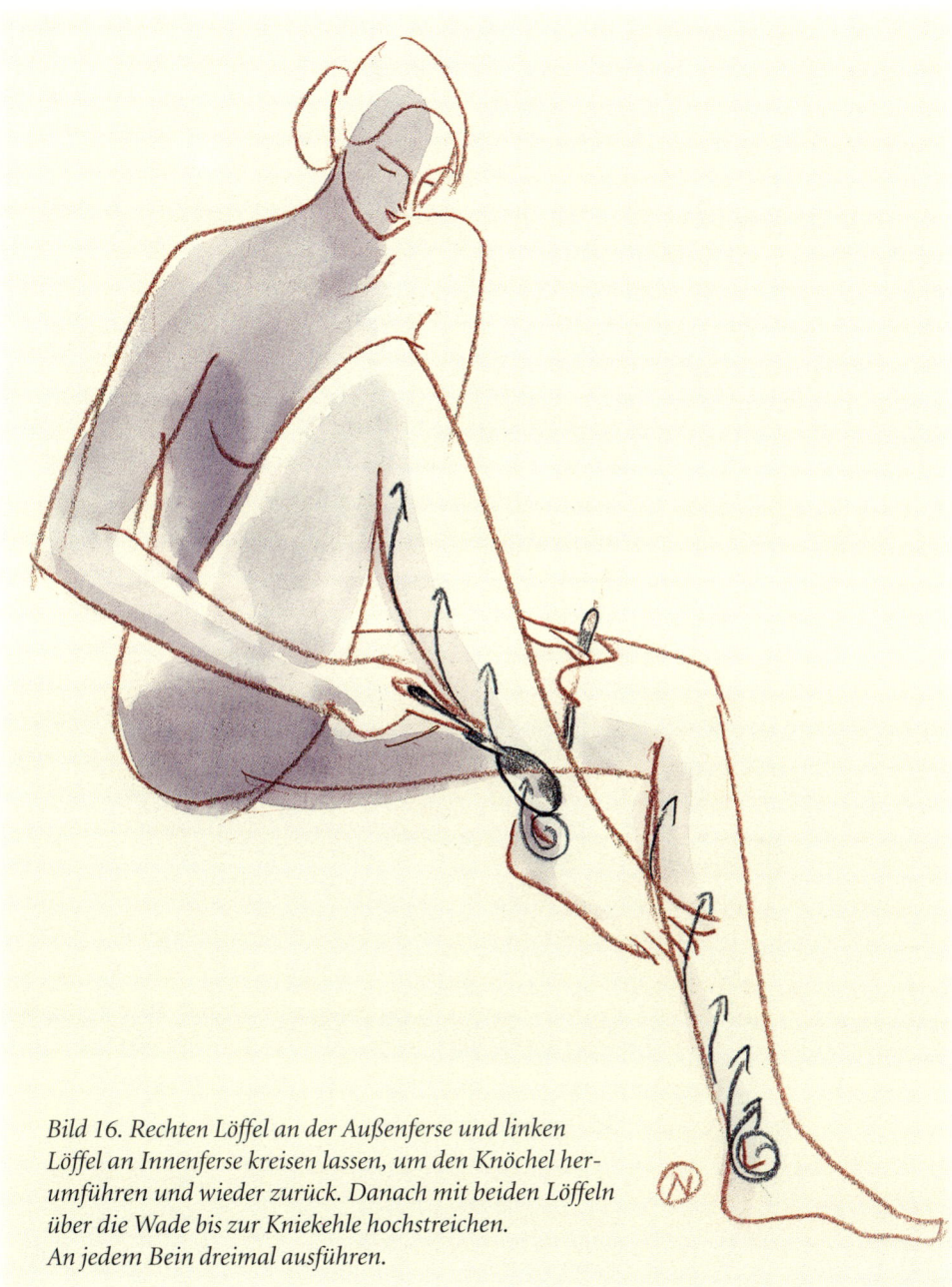

Bild 16. Rechten Löffel an der Außenferse und linken
Löffel an Innenferse kreisen lassen, um den Knöchel her-
umführen und wieder zurück. Danach mit beiden Löffeln
über die Wade bis zur Kniekehle hochstreichen.
An jedem Bein dreimal ausführen.

Sollten Ihre Füße aller-
dings »brennen«, ist es
ratsam, dieses Füße-
löffeln mit gekühlten
Eßlöffeln durchzu-
führen.

Sie kühlen zwei Eßlöffel im Wasserbad, tupfen diese ab und reiben sie anschließend mit einem Gel für die Beine oder einer durchblutungsfördernden und erfrischenden Massage-Öl-Mischung Ihres Geschmacks ein.

Lagern Sie das rechte Bein hoch, und legen Sie den Löffel, den Sie in der rechten Hand halten, an die Außenseite der Ferse Ihres rechten Fußes, den linken Löffel an die Innenferse. Führen Sie die Löffel kreisend um den Knöchel herum nach vorn und wieder zurück. Danach streichen Sie mit beiden Löffeln abwechselnd über die Waden bis hoch zur Kniekehle (Bild 16). Nun das andere Bein hoch lagern und wie oben beschrieben verfahren. An jedem Bein sollten Sie diese Übung dreimal ausführen. Die vordere Seite des Beines sanft mit der Löffelkante vom Knöchel bis zum Knie hochstreichen

Den Po straffen

Mehr und mehr ist in den letzten Jahren auch unsere »Kehrseite« in das Blickfeld der Betrachter geraten, und allenthalben wird von einem »knackigen Po« als einem Schönheitszeichen und erotischem Signal gesprochen. Wenn Sie von Natur aus an dieser Stelle Ihres Körpers etwas flacher geraten sind, als es das gängige Schönheitsideal gerade vorsieht, müssen Sie trotzdem nicht verzweifeln, denn mit etwas Disziplin und gutem Willen können Sie Ihrer Figur auch hier nachhelfen.

An erster Stelle steht das Muskeltraining. Dazu können Sie intensiv jede sich bietende Gelegenheit zur Bewegung nutzen: Treppen steigen, wandern und laufen. Spannen Sie auch beim Gehen die Pomuskeln fest an.

Übungen zur Kräftigung der Pomuskeln
- Setzen Sie sich auf den Po, und »wandern« Sie so durchs Zimmer.
- Strecken Sie in der Bauchlage die Beine und heben sie vom Boden; 20 Sekunden in der Luft halten. Auch im Wechsel linkes Bein – rechtes Bein wirkungsvoll.
- Beim Sitzen wechselnd die linke und die rechte Poseite anspannen und wieder entspannen, zehnmal hintereinander. Mehrmals täglich ausführen, wo immer Sie können: z.B. im Bus, in der Bahn, am Schreibtisch usw.

Zur Pflege und Straffung Ihres Pos empfiehlt sich neben den Wechselduschen für den ganzen Körper kaltes Abbrausen. Ebenso hilfreich sind das Trockenbürsten und – ganz besonders – die Löffelmassage:

Verwenden Sie diesmal für die Massage die etwas größeren Gemüselöffel. Kühlen Sie diese im Wasserbad, tupfen sie trocken und bestreichen Sie sie mit einem hautstraffenden Gel oder einer Massage-Öl-Mischung.

Legen Sie die so vorbereiteten Löffel rechts und links unterhalb der Pobacken an und streichen sie nach außen. Vollführen Sie dabei mit ihnen drückende und kreisende Bewegungen (Bild 17). Danach mit beiden Löffeln übereinander zunächst die eine, dann die andere Po-Seite mit starkem Druck von unten nach oben streichen. Wiederholen Sie diese Übung sechsmal.

Auch das Klopfen mit den Löffeln auf schlaffe Pobacken – bis diese schwingen und sich leicht röten – stimuliert die Durchblutung und kräftigt die Pomuskulatur. Achtung: Beim Klopfen nicht die Steißbeinwirbel treffen!

MEIN TIP

Eine Übung gegen Streß
Nehmen Sie einen Eßlöffel, tauchen ihn in eine leicht erwärmte Massage-Öl-Mischung und lassen ihn sanft rechts und links entlang des Steißbeines und weiter nach oben zum Rücken hin kreisen.

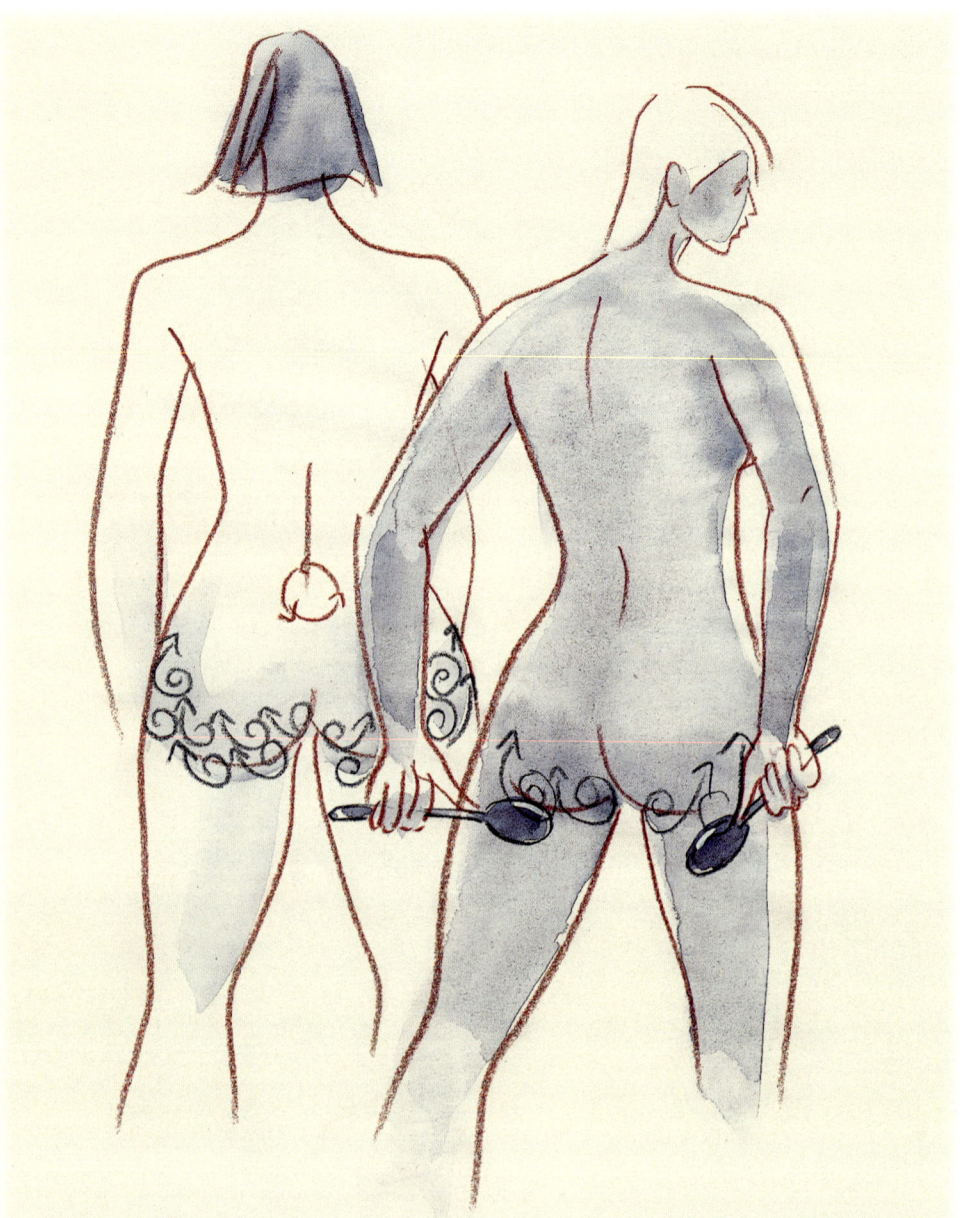

Bild 17. Löffel unterhalb des Pos anlegen und kräftig nach außen streichen. Zwischendurch drücken und kreisen. An jeder Poseite von unten nach oben bewegen. Sechsmal ausführen.

Nach jeder Wasser- und Massagebehandlung den Po eincremen, salben oder ölen, je nachdem, was ihre Haut am besten pflegt oder nährt.

Erfolge werden sich bald einstellen – ihre Haut wird dort ebenso glatt und straff werden wie am übrigen Körper.

Ein entspannter Rücken

Verspannungen und damit einher gehende Schmerzen im Rükken rangieren heute nachgerade unter dem Begriff Volkskrankheit, was ein Zeichen für ihre massenhafte Verbreitung ist. Trotzdem müssen Sie sich als Betroffene nicht damit abfinden. Auch hier gilt wieder: Mehr Bewegung, Korrektur von Fehlhaltungen und Massagen können auch Ihnen helfen.

Kerstin, eine meine jungen Kundinnen, sitzt als Sekretärin einer kleineren Firma fast den ganzen Tag am Computer. Abgesehen davon ist ihr Arbeitsplatz nicht gerade nach ergonomischen Vorgaben ausgestattet: Der Monitor steht aus Platzgründen zu hoch, beim Bedienen der Tastatur liegen ihre Unterarme nicht auf dem Tisch, die Handgelenke knicken ab und der Stuhl, auf dem sie sitzt, stützt ihren Rücken nicht. Mit der Zeit entwickelten sich bei Kerstin wegen der dauernden Fehlhaltung starke und schmerzhafte Verspannungen im Schulterbereich und im Rükken. Daß ihre Arbeitsfreude darunter litt, ist verständlich. Als sie mir ihr Leid klagte, konnte ich ihr nur raten, mit dem Chef zu sprechen, um eine Umgestaltung des Bildschirmarbeitsplatzes zu erwirken. Aber als zweite wichtige Maßnahme empfahl ich ihr die Löffel-Massage:

Man nimmt zwei Eßlöffel, taucht sie in die leicht erwärmte Massage-Öl-Mischung und setzt sie rechts und links der Wir-

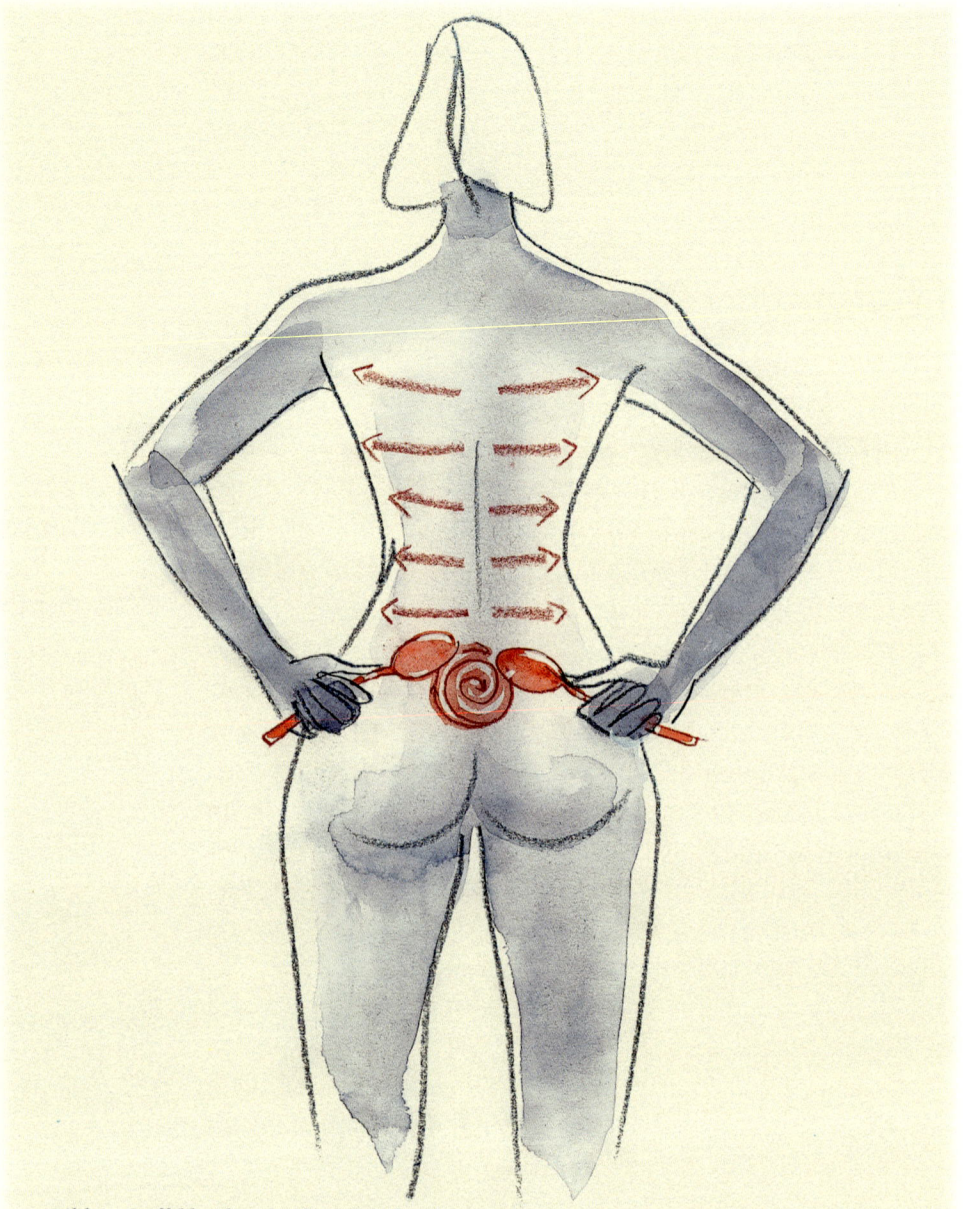

Bild 18. Löffel beiderseits der Wirbelsäule ansetzen. Am untersten Wirbel beginnend, sanft kreisen, nach außen streichen und nach oben weiterarbeiten.

belsäule an. Am untersten Wirbel beginnend, führt man die Löffel sanft kreisend und nach außen streichend soweit nach oben, wie man kommt (Bild 18). Auch diese Übung bis zu sechsmal wiederholen.

Für die Öl-Mischung empfiehlt sich:
Als Basis-Öl 50 ml Johanniskraut
5 Tropfen Lavendel-Öl
7 Tropfen Muskatellersalbei.Öl
5 Tropfen Basilikum-Öl

Diese Mischung wirkt nicht nur schmerzlindernd, sondern auch sehr entspannend und ist deswegen für eine Löffelmassage im Halswirbelbereich besonders gut geeignet. Wer kennt ihn nicht, den verspannten Nacken! Halten Sie deshalb zwei Löffel sowie die fertige Ölmischung in der Nähe Ihres Arbeitsplatzes bereit. Massieren Sie sich zwischendurch den Nacken- und Schulterbereich, indem Sie mit erwärmten Löffeln vom Nackenhaaransatz rechts und links der Wirbelsäule entlang der Muskelstränge mehrmals nach unten streichen und über den Schultern enden.

Übrigens: Zum Erwärmen der Löffel können Sie diese im Winter auch auf die Heizung und im Sommer auf das Fensterbrett in die Sonne legen, denn diese ist ein phantastischer Farbenenergiespender.

Zu zweit macht es noch mehr Spaß

Die Löffel-Partner-Massage

Für den Spaß zu zweit empfehle ich Ihnen die Löffel-Partner-Massage, die sich
besonders für diejenigen Körperstellen
anbietet, an die man selbst allein nur
schwer gelangt – wie z. B. die Rückenpar-
tie. Aber natürlich können Sie auch die
bisher beschriebenen Löffelübungen von
Ihrem/r Mann/Frau ausführen und sich
auf diese Weise verwöhnen lassen.

Eine Rückenmassage ist etwas wun-
dervoll Entspannendes, von dem man
sich wünscht, es würde nie aufhören.
Wenn Sie dazu eine Massageöl-Mischung
mit ätherischem Öl benutzen, läßt sich
der Genuß noch steigern. Mischen Sie
– je nach der erwünschten Wirkung – entweder Jojoba-Öl mit
Lavendel, Rose und Zeder (entspannend) oder mit Zitrone, Cajeput und Zeder (gegen aufkommende Erkältung); Mandel-Öl
mit Kreuzkümmel, Koriander, Zimt und schwarzem Pfeffer
(erotisiert) oder Johanniskraut-Öl mit Lavendel, Salbei, Basilikum und Angelika (lindert Schmerzen, entspannt).

Und so wird die Übung durchgeführt:

Erwärmen Sie zwei große Löffel – Gemüselöffel – im Wasserbad, und befeuchten Sie diese nach dem Abtupfen mit dem Mas-

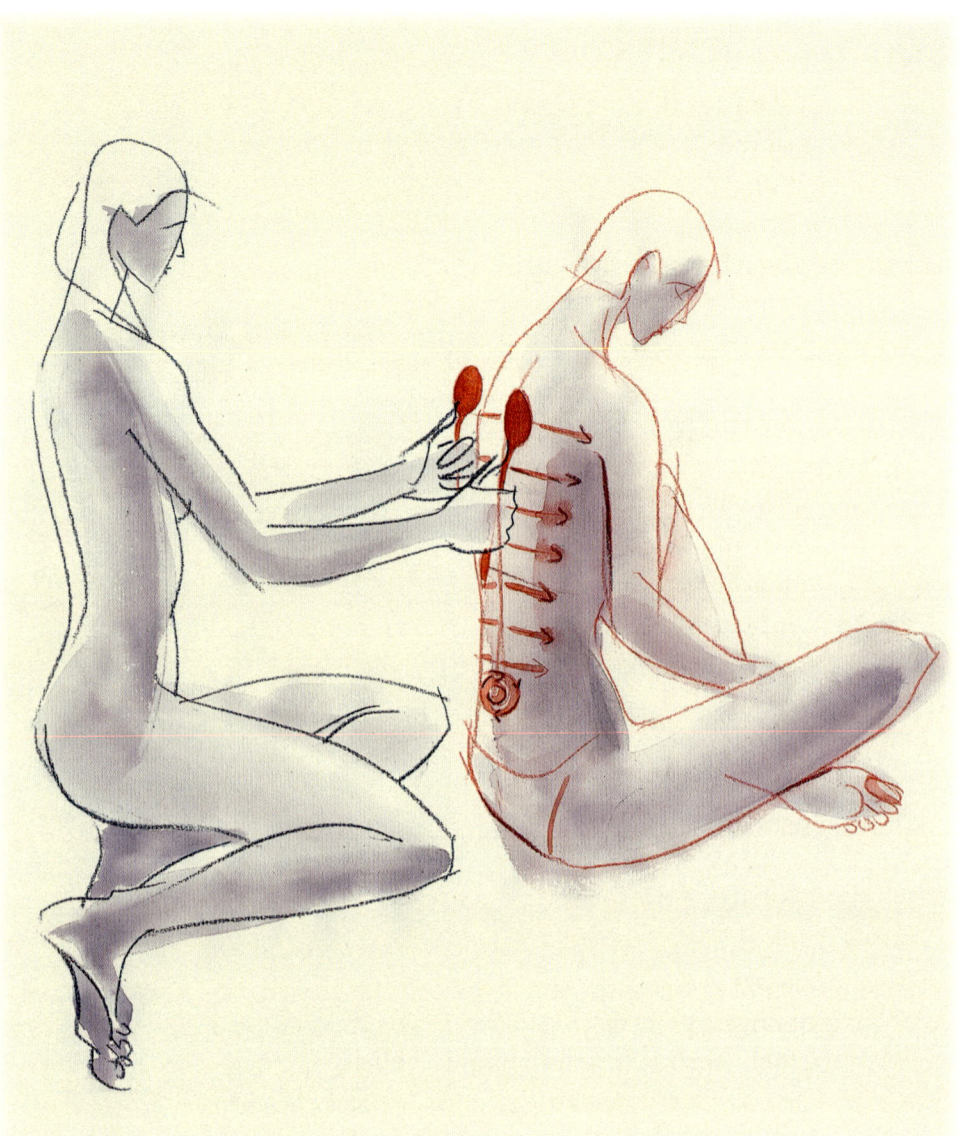

Bild 19. Die Rückenmassage wird praktischerweise mit einem Partner gestaltet, der den gesamten Rücken bis zur Halswirbelsäule sanft mit den Löffeln von innen nach außen und von unten nach oben massiert.

sageöl. Sie können außerdem den gesamten Rücken mit dem Öl bestreichen. Dazu gibt man etwas Öl in die Handflächen und verteilt es auf dem Rücken, indem man mit den Händen von den Schultern abwärts, entlang der Wirbelsäule, bis zu den Lenden streicht.

Für die Rückenmassage (Bild 19) kann Ihr Partner den ganzen Rücken bis zur Halswirbelsäule mit sanftem Druck der Löffel von innen nach außen und von unten nach oben massieren. Dabei werden die Löffel – beginnend im Lendenbereich – in kleinen konzentrischen Kreisen beiderseits der Wirbelsäule bis zu den Schultern geführt. Die kleinen Kreisbewegungen immer von innen nach außen vollziehen. Als nächstes setzt man beide Löffel an der rechten Seite in Höhe der Lende an und streicht mit ihnen in Richtung Wirbelsäule; dabei nach oben arbeiten, bis man im Nacken-Schulter-Bereich angekommen ist. Diese Übung auf der linken Seite wiederholen.

Zum Abschluß mit den Löffeln entlang der Rückenwirbel von oben nach unten über den Rücken streichen und umgekehrt von unten nach oben. Aber: Nie direkt über die Wirbelkörper streichen, sondern immer nur rechts und links neben der Wirbelsäule.

Die Rückenmassage erfordert mehr Zeit als die anderen Massageübungen, bereitet aber auch ein besonderes Wohlgefühl. Auch liebevoll kreisende Löffelbewegungen am Steißbein oder um den Bauchnabel herum eignen sich toll für eine Partnermassage. Auch das zärtliche Umkreisen des Busens mit den aromatisierten Öl-Löffeln kann der Partnermassage eine sinnliche Note verleihen. Weitere Variationen sind möglich, wie z. B. das sanfte Hochstreichen rechts

MEIN TIP

Streuen Sie Rosenblütenblätter auf die Massageunterlage, wie eine Art Rosenbeet: Rote Rosen für die heiße Liebe, rosafarbene Rosen für die zärtliche Liebe, weiße Rosen für die freundschaftliche Massage.

Oder Sie besorgen sich eine Duftaroma-Lampe und schaffen sich somit ein entsprechend erotisches Raumklima. Aphrodisierende und stimulierende Öle, die sich dafür eignen, sind: Rose, Patchouli, Neroli oder Ylang-Ylang. Achtung: Verwenden Sie aber keinesfalls Oregano oder Majoran, die sehr entspannend wirken und übersteigerten Geschlechtstrieb dämpfen. Sie wirken als Antiaphrodisiakum; damit der »Kerl« endlich Ruhe gibt. Total abtörnend.

und links der Wirbelsäule entlang, das in ein großflächiges Kreisen um die Schulterblätter münden kann.

Ohne weiteres können Sie bei der Löffel-Partner-Massage ins Kamasutra oder Tantra der Liebe eintauchen. Dabei sind alle körperlichen Berührungen mit den verschiedenen Löffeln erlaubt.

Bei einer Prominenten-Hochzeit war ich engagiert, das Braut-Styling zu entwerfen. Während des Schminkens schwärmte ich der Baut von meiner Löffel-Massage und den raffinierten ätherischen Ölen vor. Begeistert sagte die junge Frau, daß das doch bestimmt auch eine tolle Idee für die Hochzeitsnacht wäre. So mußte mich der Chauffeur anschließend in mein Studio fahren, wo ich eine besondere Hochzeitsnacht-Mischung für sie zusammenstellte. Als sie nach drei Wochen Südseeflitterwochen wieder zurückkam, besuchte sie mich und bat darum, das kleine Fläschen wieder aufzufüllen. Dabei gestand sie: »Mein Mann und ich waren geradezu süchtig nach den Liebeslöffeln. Oft haben wir uns gegenseitig mit den duftenden öligen Löffeln an allen möglichen Körperregionen verwöhnt.«
Hier ist das Rezept:

50 ml Mandelöl als Basis
2 Tropfen Rosen-Öl
1 Tropfen Patchouli
1 Tropfen Neroli

Weil die Liebe durch den Magen geht …

Essen und Trinken – die Schönheitspflege von innen

Zu Zeiten, als das Dicksein den Menschen noch ein Zeichen des Wohlstandes war und Dünnsein mit Armut gleichgesetzt wurde, schreckte man schlecht essende und mäklige Kinder mit der Geschichte vom »Suppenkaspar«:

»Der Kaspar, der war kerngesund,
ein dicker Bub und kugelrund.
Er hatte Backen rot und frisch;
Die Suppe aß er hübsch bei Tisch.
Doch einmal fing er an zu schrein:
‚Ich esse keine Suppe! Nein!
Ich esse meine Suppe nicht!
Nein, meine Suppe eß ich nicht!«

Vom Suppen-
kaspar zur
Magersucht?

So hat es 1844 der junge Frankfurter Arzt Heinrich Hoffmann in seinem Bilderbuch »Der Struwwelpeter« aufgeschrieben – den »lustigen Geschichten und drolligen Bildern« für seinen dreijährigen Sohn Carl. Welches Ende es mit dem Suppenkaspar nahm, wissen wir alle noch aus unserer Kinderzeit. Tag für Tag weigert sich Kaspar, seine Suppe zu essen:

»Am vierten Tage endlich gar
der Kaspar wie ein Fädchen war.
Er wog vielleicht ein halbes Lot –
Und war am fünften Tage tot.«

Welch drastische Schilderung eines frühen Falles von Magersucht! Und das als Lektüre zur Erziehung eines kleinen Kindes! Aber so einprägsam, daß mir diese Geschichte immer wieder einfällt, wenn ich auf magersüchtige Mädchen oder Frauen treffe. Ihre Haut wirkt leicht grau, und die Haare sind glanzlos und brüchig – alles Zeichen für eine ausgesprochene Mangelernährung, für eine Unterversorgung mit lebenswichtigen Vitaminen, Mineralstoffen und Spurenelementen.

MEIN TIP

Der Jo-Jo-Effekt
Zwei von fünf Deutschen haben schon eine Diät gemacht, aber zwei Drittel ohne dauerhaften Erfolg. Jeder Zehnte wog im Anschluß sogar mehr als vorher. Besonders erfolglos sind gekaufte Fertigdiäten. Die Ursache: Diese Fertigprodukte entziehen dem Körper Wasser, wodurch man in wenigen Tagen ein paar Pfunde verliert. Sobald Sie sich wieder auf Ihre übliche Art ernähren, wird alles wie vorher – nur der Geldbeutel hat abgenommen. Sie dagegen wiegen vielleicht sogar noch mehr als früher.

Wer eine Diät befolgt, sorgt meist für eine ausreichende Zufuhr an Vitaminen und Mineralien. Der Körper benötigt aber außerdem Kohlenhydrate als Energielieferanten. Deshalb sind Kartoffeln, Nudeln und Reis – in normalen Mengen verzehrt – nicht nur äußerst sättigend, sondern liefern uns die nötigen Kohlenhydrate. Eine ausgewogene, gesunde Kost beinhaltet eine Reihe weiterer Stoffe, die für das seelische Wohlbefinden wichtig sind. Vanille und Schokolade enthalten beispielsweise organische Verbindungen, die man als natürliche Stimmungsaufheller bezeichnen kann. Wir kennen das sogenannte Glückshormon Noradrenalin, das Gefühlshormon Dopamin, das Schlafhormon Serotonin oder das euphorisch stimmende Beta-Endorphin. Eine Unterversorgung mit diesen Naturdrogen macht übellaunig.

Zuviel essen ist eine Sucht – zuwenig essen auch. Wer unter seinem Übergewicht leidet, träumt vom perfekten Körper. Hat man einmal den Entschluß zu einer Diät gefaßt, kann das Streben nach Perfektionismus einen unheilvollen Kreislauf in Gang setzen. Sobald das Idealgewicht endlich erhungert wurde, treibt die Furcht vor erneuter Zunahme manche

Frauen dazu, noch ein paar Kilo mehr zu verlieren, weil ihr Schönheitsideal ein völlig untergewichtiger Körper ist. Sie finden dann kein Ende mehr.

Die Schönheit mit Löffeln essen

Gesundheit und Schönheit sind nicht durch exzessives Handeln zu erreichen und zu erhalten, sondern nur durch eine entsprechende Lebensweise und eine ausgewogene Ernährung. Weder ein Zuviel noch ein Zuwenig ist gesund. Der Mangel an Sonnenlicht verursacht Depressionen und Vitamin-D-Mangel, der die Knochenstabilität vermindert. Zuviel Sonnenlicht läßt unsere Haut schneller altern und macht sie anfälliger für Hautkrebs. Zuwenig Vitamin A erzeugt Appetitlosigkeit, trockene Haut und Nachtblindheit, zuviel Vitamin A erzeugt ebenfalls Appetitlosigkeit und trockene Haut, außerdem das Sehen von Doppelbildern, Haarausfall und Kopfschmerzen. Der Mangel an Vitamin C hat Zahnfleischbluten und Anfälligkeit für Erkältungen zur Folge. Ein Überschuß an Vitamin C fördert Durchfälle und die Bildung von Nierensteinen. Ähnliches gilt für Mineralstoffe. Kaliummangel äußert sich in Muskel- und Antriebsschwäche, Kaliumüberschuß in Kreislauf- und Hörstörungen. Eisenmangel zeigt sich in Blässe, Müdigkeit und brüchigen Haaren und Nägeln. Überschüssiges Eisen lagert sich in den Organen ab und führt zu Spätfolgen wie Leberzirrhose oder Diabetes.

Fazit: Eine ausgewogene Ernährung erhält nicht nur die Figur, sondern dient Ihrer Gesundheit und Schönheit.

Vitamine für die Schönheit

Vitamin	Aufgabe	Wichtige Spender
Vitamin A (Retinol) **Augenvitamin**	Wird für das Hell-dunkel- und Farbsehen benötigt; stabilisiert Haare, Haut, Zähne	**Lebertran**, Möhren, Aal Kalbsleber, Eier, Leberwurst, Edelpilz-käse
Vitamin B1 (Thiamin) fer-**Nervenvitamin**	Wichtig für Regeneration des Nervensystems, fördert Wachs tum	Kotelett, Huhn, **Sonnen-blumenöl**, -kerne, Ha-flocken, **Weizenkeimöl**
Vitamin B2 (Riboflavin) **Hautschutz-vitamin**	Schützt die Haut vor freien Radikalen	Huhn, Leber, Brokkoli, Butterpilze, Milch, Schweinefilet, Joghurt
Vitamin B12 **Stoffwechsel-vitamin**	Schützt vor Blutarmut	Huhn, Leber, Austern, Hering, Krabben, Eier, Rindfleisch
Vitamin C (Ascorbinsäure) **Erkältungs-schutz- Vitamin**	Radikalenfänger, schützt vor Erkältung, gut für Knochen und Zähne, fördert Eisenaufnahme des Körpers	Paprika, Sanddornsaft Kiwi, Rosenkohl, Zitrusfrüchte, Kartoffeln Johannisbeeren
Vitamin D **Sonnenvitamin**	Sorgt für feste Knochen und Zähne	**Lebertran**, ger. Aal, Matjes, Avocado, Stein-pilze, Eier, Milch

Vitamin	Aufgabe	Wichtige Spender
Vitamin E **Jungbrunnen-Vitamin**	Radikalenfänger, stark antioxidativ, reduziert Krebsanfälligkeit	**Weizenkeimöl, Erdnußöl, Sonnenblumenöl, Sojaöl,** Knollensellerie, Eigelb, Vollkornprodukte, **Leinöl, Distelöl,** Margarine, Soja, Puter, Paprika, Maiskeimöl, Olivenöl,
Vitamin H (Biotin) **Haut-und-Haar- Vitamin**	Wandelt Nahrungsenergie in Körperenergie um, schützt die Haut, fördert Haarwachstum	Apfelsinen, Avocado Rinderleber, Huhn, Schweinefleisch, Ei, Kalbfleisch, -leber, Austern, Hafer, Weizenkleie, Walnüsse, **Nußöl**
Niacin **Fitneßvitamin**	Wichtig für Kreislauf, Cholesterinspiegel, Stoffwechsel, Nerven, Haut, Hormonproduktion	Fleisch, Fisch, Nüsse, **Nußöl,** Geflügel, Weizenspeisekleie, **Weizenkeimöl,** Pilze
Pantothensäure **Hautvitamin**	Fördert Abwehrkräfte, Haarwachstum, beteiligt am gesamten Stoff-Wechsel; Fettverwertung	Vollkorn, Leber, Ei gelb, Steinpilze, Brokkoli, Getreide

Mineralien und Spurenelemente für die Schönheit

Mineralien/ Spurenelemente	Funktion	Ergiebige Quellen
Kalzium	für **feste Knochen, Zähne**, starke Nerven, kräftige Muskeln	Milch und Milchprodukte, Vollkorn, Blattgemüse, Kräuter, Seefische, Süßwasserfische
Chlor	wichtig für Säure-Basen-Haushalt, Magensäure, **Hormontransport**	Kochsalz, Algen, Käse Flunder, Hering, Kabeljau**,** Makrele, Scholle, Aal, Karpfen, Schleie
Magnesium	dient der Immunabwehr, **Hormonproduktion**, **aktiviert Enzyme**	Milch, Gemüse, Salat, Mais, Feigen, Nüsse, Krabben, Hirse, Soja, Naturreis, Kürbiskerne Lein-, Sesamsamen, **Sonnenblumenöl**, Seefische
Phosphor	wichtig für Energiestoffwechsel, **Knochen, Zähne**, Gehirn- und **Nerventätigkeit**	Käse, Weißwurst, Fleisch, Nüsse, **Nußöl** Getreide, Hefe, Soja, **Sojaöl**
Zink	wichtig für Sexualfunktion, **Bindegewebe**, Enzyme, Immunabwehr	Käse, Linsen, Weizen, Garnelen, Rinderfilet, Schaf-Filet, Hafer, **Olivenöl,** Kürbiskerne, **Kürbiskernöl,** Mohn

In den Vitamin- und Mineralstoff-Tabellen sind als Quellen die Pflanzen-Öle besonders hervorgehoben, nämlich als Ergänzung zu den Massage-Ölen aus dem ersten Kapitel diejenigen, die Sie im Gegensatz zu diesen sozusagen nach innen »löffeln« können.

Viele Menschen nehmen heute zur Sicherung ihres Vitamin- und Mineralstoffbedarfs Vitamin-Pillen als Ergänzung zur Nahrung zu sich. Dagegen kann man im Prinzip auch nichts einwenden, bis auf drei Dinge. Zum einen: Sie kosten zusätzlich Geld, und das – je nach Hersteller – nicht zuwenig. Zum anderen: Die synthetischen Produkte besitzen wegen der Reduktion auf einzelne Bestandteile nicht die Wirkung eines Naturproduktes. Und sie sind drittens auch kein Ersatz für eine fehlende ausgewogene Ernährung, sondern bestenfalls eine Ergänzung in Zeiten des erhöhten Bedarfs.

Je mehr sich die Erkenntnis durchsetzt, daß »Ernährung die Hautpflege von innen« ist, desto mehr Menschen beherzigen auch die Grundregeln dieser »Hautpflege«. Denn die Haut verdankt ihre Gesundheit und Schönheit vor allem einem gut funktionierenden Stoffwechsel. Wie der ganze Organismus braucht auch unsere Haut Vitamine, Spurenelemente und Mineralstoffe. Die erhält sie aber nur über das Blut. Da die Haut in der Epidermis nur spärlich mit Blut versorgt wird, muß dieses mit all den genannten Stoffen üppig angereichert sein. Das ist aber nur dann der Fall, wenn wir mit einer ausgewogenen und gesunden Ernährung diese Bestandteile zu uns nehmen. Der Rat der Ernährungsforscher für den gesunden Erwachsenen lautet: Die Nahrung sollte zu 60 Prozent aus Kohlenhydraten, zu zehn Prozent aus Eiweiß und zu weniger als 30 Prozent aus Fett bestehen. Außerdem sollte die Kost ballaststoffreich sein. Die Ballaststoffe – vor allem enthalten im Gemüse, Salat und Obst – bewirken eine gesunde Darmflora, welche aus den Darmbakterien und Enzymen gebildet wird. Sie spalten die Nahrungsbestandteile auf und wirken damit reinigend auf die Haut.

Die richtige Zusammensetzung der Nahrung

Kaltgepreßte Pflanzenöle und Fisch liefern uns ungesättigte Fettsäuren, die die Haut geschmeidig-weich halten. Desgleichen die in Eiern, Vollkornprodukten, Milch und Käse enthaltene Aminosäure Cystein.

Falten- und Runzeln-Eiweiß unter der Haut wird von eiweißspaltenden Enzymen wie Bromalain, enthalten z. B. in Ananas, abgebaut. Und frisches Obst enthält viel Vitamin C, das dem Neuaufbau von Haut-Kollagen dient. Das dazu benötigte Zink – ein wertvolles Spurenelement – ist vorhanden in Vollkornprodukten, Bierhefe, Melasse, Weizenkleie und im Kürbis.

Zu einer gesunden Ernährung gehört natürlich auch ausreichende Flüssigkeit. Leider trinken viele Menschen zuwenig und belasten damit ihren Organismus. Als Richtzahl gilt, daß der Mensch täglich zwei Liter Flüssigkeit trinken sollte. Ideale Getränke für die menschliche Ernährung sind Wasser und Mineralwasser, sie sind kalorienfrei und können in den benötigten großen Mengen getrunken werden. Wer zuwenig trinkt, schädigt auf Dauer Nieren, Leber, Darm und Lunge, aber auch die Schleimhäute. Das Ergebnis ist dann an der Haut abzulesen: Sie wirkt grau, unrein, trocken und faltig. Dagegen blüht man förmlich auf, wenn man seinem Körper ausreichend Flüssigkeit zuführt.

Der Verzicht auf Nikotin und ausreichender Schlaf runden die Hautpflege von innen ab. Unsere Haut dankt es uns mit Gesundheit und strahlendem Aussehen

Für die Schönheit sind viele Kräuter gewachsen

Viele der uns bekannten Arznei- und Heilpflanzen sind gleichzeitig auch Gewürzpflanzen oder Obst oder Gemüse liefernde Pflanzen. Die Übergänge sind oftmals fließend, was sich aus den ähnlichen Inhaltsstoffen erklären läßt. Deswegen kann so manches »Kräutlein« nicht nur äußerlich, sondern auch innerlich –

als Kraut frisch, getrocknet, tiefgefroren oder als Öl – mit viel Erfolg angewendet werden.

Avocado-Öl:
Bisher nutzen nur wenige dieses dezente Öl in der Küche, das den Eigengeschmack der Zutaten in den Speisen hervorragend verstärkt. Kenner verwenden es gern zu Wild oder bereiten aus dem Öl eine Mayonnaise.

Distel-Öl:
Gewonnen wird es aus der sogenannten Färberdistel, einer Pflanze, die man im alten Ägypten zum Färben von Stoffen benutzte.

Das Öl wird aus den Samen der Pflanze kalt gepreßt. Es ent-

hält Linolsäure (ungesättigte Fettsäure), Ölsäure, gesättigte Fettsäuren und die Vitamine E und A. Distel-Öl senkt nicht nur den
Cholesterinspiegel, sondern fördert auch die Produktion wichtiger Hormone – der Prostaglandine – die das Immunsystem
stärken und die Erneuerung von Zellen anregen. Das kommt
auch der Haut zugute: Eine Hautkur mit Distel-Öl macht sie
frisch und geschmeidig. Empfohlen werden je 1–2 Teelöffel Distel-Öl morgens im Wechsel mit Oliven-Öl.

Distel-Öl ist im Geschmack neutral, weshalb es sich sehr gut
für Salate, Rohkost und Quarkmischungen eignet.

Basilikum:
Nicht nur als Heilpflanze sehr geschätzt, sondern auch als frisches Gewürzkraut im Salat, zum Mozzarella und zu Tomaten
ein Genuß.

Erdnuß-Öl:
Aus ärcheologischen Funden wissen wir, daß die Erdnüsse für
die Inkas ein wichtiges Nahrungsmittel waren. Das aus den Nüs-
sen gewonnene Öl ist reich an Linol- und Ölsäure. Es eignet sich
besonders gut für die Zubereitung von Mayonnaise, Saucen oder
Salaten, aber auch zum Schmoren oder Braten von Fleisch.

Estragon:
Als Küchenkraut allgemein bekannt. Beheimatet in Europa,
Nord- und Mittelasien. Estragon ist beliebig in der Küche zu
verwenden; appetitanregend und verdauungsfördernd. Besonders für alle diejenigen zum Würzen der Speisen zu empfehlen,
die salzlos kochen.

Kürbiskern-Öl:
Seit etwa 9000 Jahren wird in Lateinamerika Kürbis angebaut.
Essen von Kürbiskernen gilt auch heute noch bei vielen Völkern

als potenzsteigernd. Das Kürbisfleisch enthält u. a. Vitamin A. Die Kerne enthalten reichlich Proteine und Zink – beides ist wichtig für die Gesundheit der Prostata und der Blasenmuskulatur.

Das angenehm nußartig schmeckende Öl wird durch Kaltpressung aus den Kernen gewonnen und eignet sich in der Küche ganz ausgezeichnet für Salat- und Kräutersaucen, zum Abschmecken von Gemüse, Reis oder Nudeln.

Lavendel:

Lavendel pflegt nicht nur verletzte Haut, sondern wirkt auch normalisierend auf den Blutzuckergehalt. Nehmen Sie ein oder zwei Tropfen des Öls etwa 15 Minuten vor einer Mahlzeit ein, wird sich Ihr Appetit spürbar verringern.

Lein-Öl:

Es ist zwar alles andere als exotisch und war lange Zeit nur Bestandteil der »Arme-Leute-Küche« – man denke nur an »Pellkartoffeln mit Quark und Lein-Öl« – aber in unserer gesundheits- und körperbewußten Zeit hat es sich endlich den ihm gebührenden Respekt verschafft. Lein (Flachs) – seit der jüngeren Steinzeit in unseren Breitengraden kultiviert – liefert nicht nur aus seinen Pflanzenstengeln das so beliebte Leinen, sondern durch Kaltpressung aus seinen Samen Öl. Lein-Öl hat einen hohen Anteil an dreifach ungesättigten Fettsäuren und eine äußerst heilsame Wirkung auf den menschlichen Organismus: Es trägt zur Verbesserung des Blutflusses bei, vermindert die Thromboseneigung, wirkt blutdrucksenkend schmerzstillend und entzündungshemmend; hilft, der Osteoporose vorzugeugen und senkt den Cholesterinspiegel. Auch das Hautbild wird durch Lein-Öl verbessert. Das Öl schmeckt nur frisch richtig gut und ist auch nur begrenzte Zeit haltbar. Deshalb immer nur kleine Mengen kaufen und baldigst verzehren.

Nachtkerzensamen-Öl:
Die Heimat der Nachtkerze ist Nordamerika, von wo sie zu Beginn des 17. Jahrhunderts nach Europa gelangte. Damals verzehrte man die in dünne Scheiben geschnittenen Wurzeln als Salat. Der an Schinken erinnernde Geschmack gab der Pflanze auch den volkstümlichen Namen »Schinkenwurzel«.

Das fette Öl aus den Samen der Nachtkerze enthält neben der Linolensäure etwa 10 Prozent der in Pflanzen sehr selten vorkommenden (-Linolensäure (Omega-6-Fettsäure), Ölsäure, Palmitin- und Stearinsäure. Aufgrund seiner wirkenden Bestandteile hilft das Öl – als Therapieergänzung – nicht nur bei atopischen Ekzemen wie der Neurodermitis, sondern kann auch als Nahrungsergänzungsmittel eingesetzt werden – mit günstigen, hautpflegenden Effekten. Aber auch bei hormonellem Ungleichgewicht ist es wirksam. Die in ihm enthaltene (-Linolensäure wirkt ausgleichend auf den Hormonhaushalt, beruhigt die Nerven, bessert die Stimmung und macht gelassener. Kuren mit Nachtkerzensamen-Öl sind für Frauen, Männer und Kinder gleichermaßen zu empfehlen.

Oliven-Öl:
Ein wichtiges und wertvolles Speiseöl – vor allem in der Mittelmeerregion, wo man es zum Braten, Backen, Kochen und für das Anrichten der schmackhaften Salate verwendet. Ob Salate, Fleisch, Fisch oder Gemüse – mit Oliven-Öl erhält alles seine besonders feine Note.

Aber auch in der typisch deutschen Küche ist es eine exquisite Zutat. Probieren Sie einmal, Ihre »Kartoffelpuffer« (Reibekuchen) in Oliven-Öl zu braten. Ein Hochgenuß.

Das Öl besitzt einen hohen Anteil an einfach ungesättigten Fettsäuren und wirkt positiv auf das Herz-Kreislaufsystem, senkt den hohen Blutdruck und regt den Stoffwechsel an – was besonders bei Übergewicht sehr günstig ist

Pfefferminze:
Innerlich angewendet, hilft sie bei Magenkrämpfen. Man sollte aber bei chronischen Magenbeschwerden nicht länger als drei bis vier Wochen Pfefferminztee genießen.

Raps-Öl:
Das aus dem Samen kalt gepreßte Öl gilt unter Kennern als besondere Delikatesse und wird gern in Salatsaucen, Marinaden oder Mayonnaise verwendet

Auch die Ernährungswissenschaftlern empfehlen es inzwischen wegen seines gesundheitlichen Wertes. Raps-Öl ist reich an Linol- und Linolensäure und gesättigten Fettsäuren. Es enthält außerdem Carotinsäure, Vitamin E, Vitamin K und das Provitamin A.

Wirkung: senkt den Cholesterinspiegel und schützt vor Freien Radikalen und damit vor vorzeitiger Hautalterung.

Soja-Öl:
In China werden schon seit über 4000 Jahren Sojabohnen angebaut. Sie enthalten kein Cholesterin und sind reich an Lezithin. Das aus den Bohnen gewonnene Öl besitzt einen sehr hohen Anteil an mehrfach und einfach ungesättigten Fettsäuren, ist reich an Linol- und Linolensäure und Vitamin E. Jedoch ist nur kalt gepreßtes Öl reich an diesen Inhaltsstoffen – es ist allerdings auch nur begrenzt haltbar und sollte deshalb schnell verbraucht werden.

Sonnenblumen-Öl:
Auch bei uns ein Küchenklassiker seit alters her. Ursprünglich stammt die Sonnenblume aus Südamerika und wurde schon vor über 3000 Jahren von den indianischen Ureinwohnern Mexikos kultiviert. Die Mayas verwendeten den Blütenblätterauszug als Aphrodisiakum und die Samen als Lebensmittel.

Das sogenannte Öl-spülen löst Schadstoffe und kann zur Minderung von Zahnfleisch-bluten beitragen. Lockere Zähne sollen durch das Ölspülen wieder Halt gewinnen und die Zähne wieder weißer werden.
So wird es gemacht: Nehmen Sie vor dem Frühstücken einen Teelöffel voll Sonnen-blumen-Öl in den Mund und ziehen und saugen es durch die Zähne und spülen es im Mund herum. Aber nicht Ver-schlucken!
Die ganze Prozedur sollte ungefähr 15 Minuten dauern. Danach spucken Sie das Öl in Haushaltspapier und entsorgen es im Haus-müll, damit kein Öl ins Abwasser gelangt.

Öl gewann man erst im Rußland des vorigen Jahrhunderts aus den Samen der Sonnenblume. Es ist reich an Linolsäure, Ölsäure und gesättigten Fett-säuren und enthält viel Vitamin E und Phytosterole.

Kaltgepreßtes Sonnenblumen-Öl eignet sich be-sonders für Salatsaucen, Rohkostsalate oder Gemüse. Nicht zum Braten oder Frittieren verwenden, da sich sonst die wertvolle Linolsäure zersetzen würde.

Für das Braten, Schmoren oder Grillen geeignet ist das sogenannte »High oleic« gut geeignet, eine ölsäurereiche Variante des Sonnenblumen-Öls, das im Aufbau dem Oliven-Öl ähnelt.

Walnuß-Öl:

Ursprünglich aus Mittelasien stammend, ist der Walnußbaum seit der Zeit Karl sdes Großen bei uns heimisch. Walnuß-Öl, ein hochwertiges Speiseöl, wird durch Kaltpressung der Nüsse gewonnen. Seine Inhaltsstoffe sind: Glyceride der Linolen-, Myristin- und Laurinsäure, Linolsäure, Ölsäure, Vitamin A, B, und E.

Weizenkeim-Öl:

Es wird durch Kaltpressung aus den Keimen des Saatweizens gewonnen und hat einen hohen Gehalt an Linolsäure, Vitamin E und Phytosterinen, wes-wegen es sich gut für die Behandlung von Ekzemen und allergischen Reaktionen der Haut eignet. Wei-zenkeim-Öl fördert die Epithelbildung der Haut und damit ihre Regeneration. Neben der äußerli-chen Anwendung wird das Öl auch innerlich zur unterstützenden Behandlung bei neuromuskulären Schwäche- und Ermüdungserscheinungen, Herz-

Kreislauf-Erkrankungen, aber auch bei Vitaminmangeln und Wechseljahresbeschwerden verabreicht, die häufig Beeinträchtigungen der Haut hervorrufen.

Liebesküche mit Aroma-Ölen

»Essen und Trinken halten Leib und Seele zusammen«, erfuhren wir von unseren Großmüttern, die auch wußten, daß die »Liebe durch den Magen geht«. Und von dieser Erkenntnis ist es bis zu den Aphrodisiaka – den Lust und Potenz steigernden Mitteln – nur noch ein kleiner Schritt. Keine Angst, ich werde Ihnen keine pulverisierten Drachenzähne, Wespennester oder Libellen der Galane des alten Chinas empfehlen. Auch nicht die Eidechsenaugen, gerösteten Perlen oder zerstoßenen Edelsteine des indi-

Aphrodite – Göttin der Liebe und der Schönheit
Das Wort Aphrodisiakum stammt aus dem Griechischen und ist der Oberbegriff für alle möglichen Ingredienzien, die die Lust auf Sex und die männliche Potenz steigern sollen. Aphrodisien hießen bei den alten Griechen die kultischen Feste, die sie Aphrodite, der Göttin der Schönheit und der Liebe, geweiht hatten. Von diesen nur den Auserwählten zugänglichen geheimen Mysterien wissen wir, daß es sich um rauschende Orgien handelte, bei denen die Anwesenden unter dem Einfluß erotisierender Speisen und Getränke ihre sexuellen Phantasien verwirklichten.
Laut griechischer Mythologie ist Aphrodite eine Tochter des Göttervaters Zeus. Sie war es, die im Wettstreit der Göttinnen um die Schönheit den Apfel des Paris erhielt, dem sie als Dank die schöne trojanische Königin Helena versprach – und damit den Trojanischen Krieg auslöste, den die Griechen erst nach zwölf Jahren mit Hilfe einer List – sie stellten das Trojanische Pferd auf – für sich entscheiden konnten.

schen »Ayurveda« – wir bleiben beim Thema und verwenden aromatische Öle für die Liebesspeisen.

Wie so vieles andere auch verdanken wir unser Wissen um die Aphrodisiaka unseren Vorfahren aus den antiken Hochkulturen. Die in jenen Zeiten verwendeten sexstimulierenden Pflanzen waren z.B. Liebstöckel, Knoblauch, Salbei, Ackerminze, Schöllkraut, Thymian, Zwiebeln, Anis, Fenchel, Mandragora, Ginsengwurzel, Tollkirsche, Ingwerwurzel, Orchidee, Bohnenkraut und viele andere mehr. Die alte europäische Medizin nutzte für diese Zwecke Sellerie und Basilikum; in Indien und Ostasien waren es Ingwer und Chili, in Ungarn Paprika, in Ländern der heißen Klimazonen Avocado und Damiana.

Die Palette der anregenden Mittel ist natürlich noch weitaus breiter. Aber schon die hier aufgezählten Kräuter mit den in ihnen enthaltenen ätherischen Ölen reichen für ein Liebesmahl aus, das Sie und Ihren Partner in Stimmung versetzt:

Liebes-Salat
Frische Petersilie, Schnittlauch, Pfefferminze, Thymian, Rosmarin, Gartenkresse und Salbei, werden abgespült, abgetropft und in kleine Teile zerrupft oder geschnitten. Dazu gibt man eine zerdrückte Knoblauchzehe, eine kleingeschnittene Zwiebel, zwei in Würfel geschnittene Tomaten und eine in Scheiben geschnittene kleine Gurke, vermischt alles gut miteinander und tropft etwas Öl – Auswahl je nach Geschmack – auf den Salat. Nach Belieben noch eine halbe, kleingeschnittene Peperoni dazugeben. Mit Salz und Pfeffer würzen und mit einigen Tropfen frischer Zitrone abschmecken. Portionsweise auf Tellern anrichten und mit je einem Eßlöffel puren Joghurts garnieren.

Ein extra Thema sind Salat-Dressings. Die in diesem Buch genannten Kräuter reichen für viele Variationen. Die Basisrezepte sehen so aus:

1. Ein Achtel Oliven- oder kalt gepreßtes Sonnenblumen-Öl, zwei Eßlöffel Zitronensaft; Pfeffer, Salz – und dazu gehackte, frische Kräuter Ihrer Wahl

2. 200 Gramm einfacher oder Sahnejoghurt, Zitronensaft, Knoblauch – und dazu gehackte, frische Kräuter Ihrer Wahl.

Diese Dressings passen zu Tomaten-Gurken-Salaten ebenso wie zu Thunfisch- oder gemischten Salaten mit Mais und diversen Blattsalaten.

Feurige Suppe

Enthäuten Sie auf die übliche Art vier große, sonnengereifte Tomaten und pürieren Sie das Fruchtfleisch. Würzen Sie das Tomatenpüree mit Pfeffer, Salz, Chili und Knoblauch. Geben Sie einen Teelöffel Oliven-Öl, einige Tropfen Zitronensaft und zwei Eßlöffel kleingehackte frische Kräuter dazu: Oregano, Basilikum, Thymian und Pefferminze. Alles gut miteinander verrühren. Sie können die Suppe im Sommer kalt und im Winter warm servieren – aber nicht aufkochen lassen, damit die wertvollen Inhaltsstoffe durch die Hitze nicht zerstört werden.

Erotisches Süppchen

Zwei bis drei Eßlöffel Olivenöl, einen halben Teelöffel Rosenpaprika, eine zerkleinerte Knoblauchzehe (wenn beide es mögen) und einen kleinen in Stücke geschnittenen Kürbis, Pfeffer, Salz und einen dreiviertel Liter Wasser vermischt man in einem erhitzten Suppentopf. Fügen Sie noch eine große Tasse mit entrindeten gerösteten Weißbrotstückchen hinzu. Lassen Sie alles 30 Minuten köcheln, nehmen dann den Topf vom Herd und schlagen alles mit einem Mixer sämig. Unter leichtem Rühren wird ein verquirltes Eigelb in die Suppe gegeben. Danach servieren Sie Ihrem Schatz das Süppchen mit frischer Petersilie.

Würzige Lammkoteletts

Zwei Zwiebeln und eine Knoblauchzehe schälen und fein hacken. Drei vorbereitete Paprikaschoten (rot, grün, gelb) in Streifen schneiden und mit Zitronensaft beträufeln.

Vier Lammkoteletts mit Pfeffer einreiben, einen Eßlöffel Oliven-Öl in die Pfanne geben und die Koteletts auf beiden Seiten darin 3–5 Minuten braten. Das Fleisch nun salzen, aus der Pfanne nehmen und warm stellen. Den Bratfonds in der Pfanne mit etwas Butter auffüllen und Zwiebeln, Knoblauch und Paprikastreifen darin unter Rühren drei Minuten braten. 100 Gramm frische, geputzte Champignons dazugeben und das Fruchtfleisch von drei gehäuteten Tomaten unterrühren. Alles mit einem Achtel Weißwein abschmecken, mit Salz und Pfeffer nachwürzen und etwa 10 Minuten schmoren lassen. Kurz vor dem Servieren auf die Fleischplatte legen und einen Eßlöffel frische, gehackte Salbeiblätter darüberstreuen.

Frucht-Zauber

Zutaten: eine halbe Honigmelone, eine halbe Netzmelone, eine Orange, ein säuerlicher Apfel, eine Birne. 100 Gramm Weintrauben, 50 Gramm Rosinen, 30 Gramm gehackte Walnußkerne, 6 cl Amaretto, Zitronesaft, Zucker, Zitronenmelisse, Minze.

Das Fruchtfleisch der Melonen können Sie kugelförmig ausstechen oder in Würfel schneiden. Die übrigen geschälten Früchte schneiden Sie in kleine Stücke. Die gewaschenen Weintrauben, Rosinen und Walnußkerne nun mit den Melonenstücken und dem Obst vermischen. Gießen Sie den Amaretto dazu und schmecken alles mit Zitronesaft und etwas Zucker ab. Richten Sie den Fruchtsalat in einer Schüssel an und stellen ihn für zwei

Stunden kalt. Kurz vor dem Servieren geben Sie kleingezupfte Zitronenmelisse und Minze dazu.

Diese kleine Auswahl an stimulierenden Gerichten soll nur eine Anregung sein, beim nächsten Mal Ihrer Phantasie bei der Bereitung eines Liebesmahls freien Lauf zu lassen. Der richtige Wein und Kerzenlicht werden den Zauber dieser Stunden noch verstärken, um Löffelchen für Löffelchen das Leben zu genießen.

Schönheit – Schönsein – Schönbleiben sind,
wie Sie in diesem, meinem Büchlein lesen konnten,
keine Frage eines dicken Portemonnaies,
sondern vielmehr eine Frage von Phantasie und Disziplin.

Anhang

Sachwörterverzeichnis

Literaturverzeichnis

Ackermann, Diane, Die schöne Macht der
  Sinne, Kindler Verlag, München 1991.
Achenbach, Reinhard, Die gesunde Haut, Georg
  Thieme Verlag, Stuttgart 1996.
Beyse, I., Kosmetikon oder der Rathgeber über
  die Geheimnisse der körperlichen Schön-
  heit, Hartleben's Verlags-Expedition, Pest,
  Wien und Leipzig 1861.
Buscher, Christel, Farbberatung, Falken
  Niedernhausen/Ts, 1991/1992.
Braunschweig, Ruth von, Pflanzenöle, 30 starke
  Helfer für die Gesundheit, Gräfe und Unzer
  Verlag, München 1998.
Das Power Book der gesunden Ernährung,
  Ullstein Berlin 1997.
Drury, Neil und Susan, Handbuch der heilen-
  den Öle, Aromen und Essenzen, Windpferd
  Verlagsgesellschaft, Aitrang 1994
Eckert, Anneliese und Gerhard, Großmutters
  Schatzkästlein, Heilpflanzen, Falken Verlag,
  Niedernhausen/Ts., 1997
Erdtmann, Johanna E, Für den ersten Eindruck
  gibt es keine zweite Chance, Aussehen,
  Bewegung, Haltung, Umgangsformen, mvg
  München 1991.
Fey, Horst/Otte, Ilse, Wörterbuch der Kosme-
  tik, Wissenschaftliche Verlagsgesellschaft,
  Stuttgart 1985.
Gerny, Harald, Kosmetik und Dermatologie,
  Krause & Pachernegg GmbH, Verlag für
  Medizin und Wirtschaft, Wien 1996.
Hulke, Waltraud Marie, Das Farben Heilbuch,
  Windpferd Verlagsgesellschaft, Aitrang
  1991.
Jung, Norbert/Haas, Monika, Welche Signale
  sendet der andere? Die Körpersprache
  wahrnehmen und verstehen, Südwest
  München 1993.

Koch, Lutz, Stutenmilch, Haug Verlag, Heidel-
  berg 1994.
Koch, René, Schön wie die Nacht, Ein Beauty-
  Ratgeber für zärtliche Stunden, Ullstein
  Frankfurt/M., Berlin 1992.
Koch, René, Camouflage, Make-up für die
  Seele, Verlag Gesundheit Berlin 1997.
Kleinhempel, Friedrich/Soschinka, Hans-Ulrich,
  Bader – Barbiere – Friseure, Geschichte und
  Geschichten aus uraltem Handwerk, R. G.
  Fischer Frankfurt a. M. 1996.
*Latz, Jenny, Haar-Los, D*er Ratgeber bei Haar-
  problemen, Verlag Gesundheit Berlin 1998.
Leutert, Gerald, Systematische und funktio-
  nelle Anatomie des Menschen,
  Verlag Gesundheit, Berlin 1990.
Lexikon der Antike, Bibliographisches Institut
  Leipzig, 1987.
Liggett, Arline & John, Die Tyrannei der Schön-
  heit, Heyne München 1990.
Meir, Gerhard/Seeling, Charlotte, Richtig schön,
  Mit Tips von Profis und
  Prominenten, mvg München, Landsberg
  am Lech 1995.
Naumann, Frank, Erste Hilfe für die Seele,
  Beistand in Notsituationen,
  Lebenskrisen und Konflikten, Verlag
  Gesundheit Berlin 1996.
Panfilov, Dimitri, Schönheitschirurgie, Fakten
  und Faszinationen, Möglichkeiten und
  Grenzen, Verlag Gesundheit Berlin 1998.
Rohnstock, Katrin (Hrsg.), Lust und Frust der
  Verführung, Elefanten Press Berlin 1996.
Rohnstock, Katrin (Hrsg.), Sag mir wie die
  Väter sind, Elefanten Press Berlin 1997.
Schutt, Karin, Massagen, Wohltat für Körper
  und Seele, Gräfe und Unzer Verlag,
  München 1997.

Schürmann, Petra, Das große Buch der Kosmetik und Körperpflege, Naturalis München, Mönchengladbach 1981.

Spillane, Mary, Image Guide für den Mann, Erfolgreich in Beruf und Öffentlichkeit, Hallwag Bern, Stuttgart 1994.

Tautz-Wiessner, Gisela, LebensArt, Erfolgreich und beliebt durch gute Umgangsformen, Ullstein Frankfurt/M., Berlin 1993.

Wagner, Franz, Akupressur, Energiefluß anregen und harmonisieren, Gräfe und Unzer Verlag, München 1994.

Zobel, Martin (Hrsg.), Das Buch vom Würzen, Verlag für die Frau, Leipzig 1988.

Bildnachweis

Nike Schenkl, Kleinmachnow bei Berlin:
    Illustrationen Seite 33, 34, 35, 36, 91, 94, 99, 101,
    103, 107, 109, 111, 114, 119, 123, 126, 128, 133, 139, 141, 144, 146, 150, 161
Harald Thierlein, Berlin:
    Fotos Seite 10, 21, 87, 89, 97, 105, 113, 117, 121, 127, 131, 149
Ullstein Bilderdienst, Berlin:
    Fotos Seite 14, 42
Superbild, Berlin:
    Fotos Seite 26, 32, 52, 53, 61, 64
Wolfgang Schedler, Strausberg:
    Illustrationen Seite 74, 85
Archiv Verlag Gesundheit; Berlin:
    Illustrationen Seite 60, 61, 169

René Koch

Autor von »Camouflage – Make-up für die Seele«
und »Mann, bist du schön«.

Begründer des Arbeitskreises Camouflage e. V.,
der sich für die Belange von Menschen mit Brand- und
Unfallnarben sowie inoperablen Hautschäden einsetzt.

Möchten Sie mehr über die Löffelmassage,
über Camouflage und Schönheitstips erfahren?
Rufen Sie an oder schreiben Sie uns.

Cosmetic Camouflage Centrum

Helmstedter Straße 16
10717 Berlin
Telefon: 030 / 854 28 29
Fax: 030 / 854 40 23

http://www.lifestyle.de.camouflage